文化吉林

通化市卷·上冊

弘揚長白山文化
打響吉林特色地域文化品牌

王儒林

　　吉林有文化，而且吉林文化有底蘊、有潛力、有特色、有希望。從前郭縣王府屯距今約一百萬年的石製工具到距今十六萬年的樺甸仙人洞和距今三萬年的榆樹人，從燕趙文化東進到漢武帝設四郡，從扶餘、高句麗、渤海文明的興衰更替到遼金、清朝問鼎中原，從抗日烽火、解放硝煙到新中國老工業基地的紅色記憶，從二人轉、吉劇、長影到吉林期刊、吉林歌舞和吉林電視劇現象，勤勞智慧、淳樸善良、勇於開拓的吉林人民在白山松水間創造出絢麗多彩的地域文化，成為中國文化版圖上一道獨特風景。

　　文化與山素來結緣，正如泰山之於魯，嵩山之於豫，黃山之於皖，長白山是吉林的象徵、吉林的品牌。吉林文化始終與長白山難捨難分、血脈相連，集中體現於長白山文化之中。長白山文化發源和根植於吉林沃土，是包容吉林各民族文化、蘊含吉林發展歷史、反映吉林人性格特質、凸顯吉林氣派的「大文化」，是中華民族「多元一體」文化的重要組成部分，源遠流長、博大精深，構成了吉林文化的骨骼和脊梁。在地域文化越來越受到人們關注、文化軟實力越來越成為衡量一個地區核心競爭力的重要指標的當今時代，大力弘揚作為吉林文化標誌性符號的長白山文化，把這份寶貴的文化資源保護好、挖掘好、利用好、開發好，對於打響吉林特色地域文化品牌，鑄造極具時代內涵的吉林精神，提升吉林文化軟實力，凝聚吉林改革發展正能量，無疑具有十分重要的現實意義。

近年來，我省大力推進以優秀吉林地域文化為主要內容的長白山文化建設，出台了《長白山文化建設規劃綱要》，啟動實施了長白山文化建設工程，在長白山文化資源保護研究、挖掘整理、開發利用等方面做了大量工作，取得了顯著成績。我們要進一步加強長白山文化理論研究，豐富長白山文化內核和外延，進一步加強長白山文化遺產的發掘、保護和展示推介力度，擴大長白山文化的影響力，進一步加強對長白山文化內涵的拓展和提升，把長白山文化資源更好地轉化為文化產品、文化事業和文化產業，推動長白山文化建設躍上新台階，推動吉林文化大發展大繁榮，為實現富民強省目標、中華民族偉大復興、中國夢做出貢獻。深入挖掘、研究、整理長白山歷史文化，既是一項宏大浩繁的系統工程，又是一項功在當代、利在千秋的基礎工程。希望有更多有識、有志之士投身長白山文化建設事業，讓這份寶貴的文化資源更好地服務於當代，惠澤於未來。

由省委宣傳部組織編撰的《長白山文化書庫》系列叢書，是長白山文化建設工程的重要標誌性成果。叢書從基礎研究、地方特色、主要藝術門類三部分，對長白山文化的歷史資源進行了全面細緻的挖掘和整理，堪稱長白山文化研究與普及的鴻篇巨製，不僅對研究和宣傳長白山文化大有裨益，而且對培育吉林文化品牌、樹立吉林文化形象也將產生積極的促進作用。在叢書即將付梓之際，謹表祝賀並向全體工作人員致以問候。

主編寄語

莊嚴

　　長白奇迤蘊靈秀，松江悠長毓文傑。千百年來，雄渾壯美的白山松水賦予了肥沃豐饒的吉林大地以生機和活力，滋養了吉林人民勤勞睿智、堅韌進取、寬容開放的精神品格，積澱了多元融合、底蘊深厚、色彩斑斕的地域文化。這獨具魅力的吉林特色地域文化猶如一株馥鬱芳香的花朵，在中華民族文化百花園中爭妍綻放。

　　文化是經濟發展之根，是社會發展之源。省委、省政府高度重視文化建設，制定出臺了《長白山文化建設規劃綱要》，把吉林省歷史文化資源工程列入宣傳思想文化工作「六大工程」之一。省委宣傳部深入貫徹落實省委、省政府的要求，開展《長白山文化書庫》建設，啟動實施了《文化吉林》叢書編撰工作，將其作為全省宣傳思想文化工作的重要舉措，周密部署，精心組織，強力推進，取得了預期成果，為全省人民奉獻了一份珍貴的精神食糧。

　　《文化吉林》叢書是《長白山文化書庫》中全景展現特色地域文化的重要組成部分。年初以來，我省廣大宣傳文化工作者以對家鄉、對歷史、對文化事業的高度責任感和使命感，不畏繁難，勤勉執著，嚴謹認真，精益求精，在資料收集、遺產挖掘、書稿撰寫等方面付出了大量艱辛的努力，進行了許多開創性的探索和實踐，圓滿完成了這次編撰任務。叢書編撰秉承傳播和弘揚吉林文化的理念，梳理總結吉林文化資源，提煉昇華吉林文化精髓，激發增強吉林人的文化自覺、文化自信，使優秀文化更好地服務於吉林的發展振興。

《文化吉林》內涵豐富，圖文並茂，辭美情摯，引人入勝，是人們認識吉林、瞭解吉林、研究吉林的概覽長卷，是吉林文化走向全國，面向國際的真誠心聲。叢書真實勾勒了吉林文化歲月滄桑的歷史縱深，生動展現了吉林文化多姿多彩的時代律動，帶我們走進吉林地域文化演進的舞臺，親身感受風雲激盪的文化事件，出類拔萃的文化人物，領略淵深源遠的文化景觀，妙趣橫生的文化傳說，體驗琳瑯紛呈的文化產品，淳樸濃郁的文化民俗。叢書將吉林文化的發展脈絡、現狀和未來，客觀詳盡地展現給廣大讀者，是一部能夠讀得進去、傳播開來、傳承下去的佳作精品。

　　鑒往以勵志，展卷當奮發。《文化吉林》這套融史料性、知識性、可讀性於一體的叢書，為我們進一步保護、研究、開發吉林地域特色文化提供了重要史料資源。作為後繼者，當代吉林人有責任、有義務肩負起將吉林文化充分融入社會主義核心價值觀，推動吉林文化發展進步的歷史使命，讓優秀傳統文化在繼承中創新，在創新中前行，在全國文化發展大格局中唱響吉林「聲音」，打造吉林文化品牌，樹立文化吉林形象。

目錄

第三章・文化名人

第四章 · 文化景址

第五章・文化產品

第六章・文化風俗

第一章 ——

文化發展概述

一山一水一城，綿延古今一脈，藏天地之奧秘，蘊萬古之靈奇。於時空的曠野中，穿越歷史的滄海桑田，繁興著商周的地域史前文化、漢唐的高句麗文化、遼金的女真文化……她們多姿多彩，燦若星河，和著佟佳江的激情豪邁，風情萬種地向人們展示一段又一段古老和現代文明的神奇與輝煌……

▍山水宜居　北方名城

　　大美長白，神韻通化。伴著鏗鏘的歷史足音，從悠悠千年、從戰火硝煙、從澎湃洶湧的改革開放大潮中走來。在巍峨綿延的長白山腹地，以真誠包容、勇於擔當、重行務實、創業自強，聳立成一座厚重、豪放、和諧、美麗的北方之城。

　　塞北邊境之城　通化位於吉林省東南部，地處東經125°10'-126°44'，北緯40°52'-43°3'之間，是國務院批准的邊境開放城市。東接白山市，西鄰遼寧省的撫順市、本溪市、丹東市，南與朝鮮民主主義人民共和國的慈江道隔鴨綠江相望，邊境線長203.5千米。北與遼源市的東豐、吉林市的磐石、樺甸等縣（市）毗鄰。集安口岸是我國對朝三大口岸之一。通化市南北長228千米，東西寬108千米。全市轄區15195平方千米，襟松花江、鴨綠江、渾江，扼長白山老嶺、龍崗山脈。轄梅河口市、集安市、柳河縣、輝南縣、通化縣、東昌

▼ 通化市全景圖

區、二道江區和六個省級開發區。總人口232.4萬人，市區人口50.7萬人。有滿族、朝鮮族、回族、蒙古族、錫伯族、彝族、壯族等二十九個少數民族，其中滿族和朝鮮族人口均在十萬人以上。

▲ 渾江與鴨綠江交匯處

歷史悠久之城 從遠古的舊石器時代中晚期開始，這裡就發現了人類活動的痕跡。歷經新石器時代、青銅時代的演進，在戰國、秦、漢勢力東進的影響下，這裡的濊貊族系居民步入鐵器時代，拉開了民族崛起的帷幕。唐時屬渤海正州，宋時屬完顏婆速府路，明時屬建州衛，清時屬興京府（今遼寧省新賓縣）。清順治定都燕京後，清統治者將長白山一帶視為發祥地，劃旺清門以外

▲ 通化市沿江夜景

▲ 通化市哈泥河濕地風光

▲ 20世紀70年代通化佟江工業產品市場

▲ 20世紀70年代通化建設大街一角

▲ 20世紀70年代通化日雜公司第二商店

東至長白山為禁地，設台兵巡守，不准採樵游牧。清咸豐十年廢除封禁，在東北設立墾務局，招民放荒，大事開墾。光緒三年（1877年）正式在通化設縣治，改東邊為「通化」（即貫通、教化，含有吉祥祈福和文治武功之意）。設治初，以生、聚、教、養為序，分設五十二保，人口四千餘戶，七萬六千九百六十四人，隸屬奉天省興京扶民府。千年滄桑，歲月悠悠，作為高句麗文化、滿族薩滿文化的發源地，王八脖子（萬發撥子）的骨針、羅通山的殘垣、丸都

▲ 通化老橋舊貌

城的古陶，都無聲地傳達著通化先民積澱的厚重文化底蘊，創造的燦爛文化和獨一無二的文明鋪展開一幅幅不朽的千秋畫卷。

　　英雄輩出之城　二十世紀初期，東北成為俄、日進行殖民擴張的角逐之地。光緒三十年（1904年），俄日入侵東北。通化人民不畏強暴，組成義和拳、忠義軍抵禦外侮，充分體現了中華民族不屈不撓的鬥爭精神。「九一八」事變後，通化人民又與日本侵略者展開了長達十四年的艱苦鬥爭。從淪陷初期民眾自發組織的抗日義勇軍，到中國共產黨領導的第一支抗日武裝；從抗日英

▲ 中國空軍之父——高志航

▲ 學生時代的楊靖宇

雄王鳳閣、空軍戰魂高志航，到傑出的共產主義戰士楊靖宇，通化人民用生命和鮮血譜寫了氣壯山河的愛國主義篇章。東北解放戰爭時期，中國共產黨領導的東北民主聯軍（後稱東北人民解放軍），在通化大地上取得了「四保臨江」等戰役的勝利，成為扭轉東北戰局的關鍵。在抗美援朝保家衛國的戰爭中，通化是重要口岸和運輸線，數十萬志願軍從這裡運往前線，近二十萬傷病員在這裡轉運和救治。通化兒女同仇敵愾，浴血奮戰，支邊支前，創造了無數可歌可泣的英雄業績。

▲ 鴨綠江河谷葡萄基地

物產豐饒之城　通化物華天寶，生物多樣性特徵十分鮮明，動植物天然資源豐富，有「天然立體綠色寶庫」之稱，是座具有生態魅力的城市，被譽為中國「中藥之鄉」「葡萄酒之鄉」「人參之鄉」「優質大米之鄉」「松花

▲ 林下參

▲ 榛蘑

▲ 毛榛子

▲ 大葉芹

▲ 刺嫩芽

▲ 五味子

▲ 藍莓

硯之鄉」和「滑雪之鄉」。長白山中藥材資源豐富，盛產植物藥、動物藥和礦物藥，與雲南的西雙版納和四川的峨眉山並稱中國「三大天然藥庫」。現已查明的中藥材資源一千一百多種，開發潛力巨大。其中人參產量占全國的百分之四十，居全國首位，是國內重要的人參種植基地，著名的新開河人參成為中國馳名商標。綠色食品、天然山珍聞名遐邇。通化大米曾為宮廷御用，故有「貢米」之稱。有山野菜、食用菌等綠色食品資源一百九十餘種，野生經濟動物一百餘種。礦產資源豐富，地質儲量較大，黑色金屬、有色金屬、貴重金屬、非金屬和能源礦產在境內分布較廣，已發現礦產資源八十五種，探明儲量六十種，約二十四億噸。

山水宜居之城　通化地處鴨綠江、松花江兩大水系和龍崗、老嶺兩條山脈

▲ 集安老虎哨風光

之間，高山縱橫，水系發達，大部分地區保持著原生態。森林覆蓋率達到
62％，高於全國平均水平45.4%。林地面積94.6萬公頃，活立木蓄積量7967萬
立方米。水資源總量達到66億立方米，人均占有量是全省平均水平的1.8倍，

▲ 集安鴨綠江碼頭風光

川徑流量居全國前列。觸目青山，滿眼碧水。城區群山環抱，渾江穿城而過，城市依山而建，人民臨水而居，山中有城，城中有水，山城相融，人城相依，既有北國山城的雄奇，又有江南水城的靈秀，是一座典型的山水園林城市。其間，分布六個國家級森林公園、四個國家級重點文物保護單位、十餘處人文景

▲ 通化市區渾江風光

▲ 通化玉皇山雪景

▲ 通化馱道嶺雲海風光

▲ 群眾在廣場晨練

▲ 農民踩高蹺鬧正月

觀。文物古蹟遊、生態環境遊、冬季冰雪遊、中朝邊境遊、人參之路遊等深受中外遊客的歡迎。相繼獲得中國人居環境獎、中國特色魅力城市、市民最滿意城市、中國旅遊競爭力百強城市、中國特色魅力城市、中國十佳休閒宜居生態城市、中國十佳宜遊城市、中國最具幸福感城市等榮譽稱號。目前，正在加快打造高句麗世界文化遺產、龍灣火山口湖群世界地質公園、鴨綠江國際黃金旅遊帶三個國際級品牌。

　　空靈悠遠的玉皇古剎，將神祕的關東風情演繹；勤勞智慧的山城人民，把未來的邊陲輝煌續寫。通化，正以開放的姿態、包容的胸懷、厚重深邃和魅力無限的城市文化，打造吉林省東南部中心城、旅遊名城、北方宜居名城，將以更加神奇迷人的風采，奏響醫藥城、鋼鐵城、葡萄酒城快速發展更加華美的樂章。

滄桑變幻　文化繁興

　　地域史前文化　早在舊石器時代的中晚期，先人就在這塊土地上繁衍生息。以大安洞穴遺址為代表的通化人升起了長白山區的第一縷炊煙，從而拉開了長白山區人類社會發展的序幕。

　　距今六千年左右，人類足跡幾乎遍及長白山區的各個流域，並遺留下眾多的古代聚落遺址。如輝發河流域的大椅山遺址、慶陽遺址、李家店遺址等；渾江流域的王八脖子遺址、鴨園南山遺址、東崗遺址等；鴨綠江流域的大朱仙溝遺址、長川遺址、勝利遺址等。生活在這裡的濊貊族居民，經過漫長的民族融合和歷史演進，推動了後來的民族崛起。

　　通化王八脖子遺址是渾江流域具有代表性的文化遺存。一九五六年春，吉林省文化局組織考古調查組在通化發現了王八脖子遺址，在遺址表面採集到大量的石器，並認定為原始社會聚落址。一九九七年至一九九九年進行發掘，發

▼ 王八脖子遺址

▲ 輝發河上游石棚墓群大沙灘二號墓背面

掘面積六〇一五平方米，發現房址二十二座、灰坑一百六十個、墓葬五十六座、灰溝九條、環山圍溝一條。出土陶器、石器、玉器、骨器、青銅器、鎏金器、銀器、瓷器、料器、鐵器六千九百四十二件，被評為「全國十大考古新發現」。

王八脖子遺址第一期為新石器時代晚期遺存，年代在距今六千年至五千年之間。土著居民居住在圓形半地穴式的房屋內，捕魚狩獵、開荒種地，以筒形罐作為生活用具，生產工具為磨製石刀、石斧、石鏃和骨器，用動物牙齒作為裝飾物。

石棚文化　在通化的輝發河流域、渾江流域，遺存著眾多獨具特色的石棚。這些石棚，是青銅時代的一種墓葬建築，因其代表一種歷史文化，又因石棚規模宏偉壯觀，又稱之為「巨石文化」。

古代東北民族的這種墓葬，均以巨形石材構築。石棚墓是由墓底鋪石、左右壁石、前後堵石及蓋頂石構成。半裸半埋，地表以上高度一般在一至一點三

米，最高可達二米。有的墓室內鋪有二十釐米左右厚的小型河卵石，有的外圍遺存有積石圈，這些積石當時應是半埋著石棚，是起加固和穩定石棚作用的。

分布在通化的柳河、梅河口一帶的石棚數量最多也最為集中，總數達近百座。石棚墓群的規模有大小之分，大型墓群的石棚數量達二十幾座，中型十餘座，小型一至幾座不等，這與當時部落的大小有關。較典型的石棚墓群有：鹼水石棚墓群、挑參溝墓群、三塊石墓群、大沙灘墓群等。在石棚墓群中往往伴有只露出蓋頂石的大石蓋墓和石棺墓，形成地上地下相呼應的墓群格局，這兩種不同的墓葬形制應與墓主人的身分地位有關。

石棚墓群的分布特點主要是構築在山岡的山脊處，並隨山勢走向而建，依次排列，頗為壯觀。其年代上限可達東周，下限至西漢。由於年代久遠，大多數石棚已遭到不同程度的破壞，有的只剩下兩壁和蓋頂石，墓室內幾乎空無一物。因此，當地群眾或稱「三塊石」「石桌墳」等，也有的被群眾稱作「石廟子」。還有一些墓葬在巨大的蓋頂石下，左右壁石較矮小而單薄，顯得頭重腳輕，所以人們將其稱為「支石墓」。

柳河縣大沙灘石棚墓最具特點。該石棚墓的墓門為對開雙扇門，現仍保留一扇帶有月亮窗的墓門。門上的月亮窗為半圓形，兩扇對合應是一個完整的圓形窗。兩扇墓門是固定在左右兩側壁石之間的，壁石上有明顯人工鑿出的豎向凹槽，並將門扇鑲入凹槽固定。因此，墓門只是象徵意義的，而月亮窗則是供墓主人靈魂出入的通道。這一習俗早在半坡文化的甕棺葬中就已出現了，即在甕棺上部覆蓋甕棺的陶器上鑽一圓孔，供靈魂出入。這一現象表明，當時的人們相信人死後靈魂依然存在，同時也體現了對死者的尊重。

通化境內的石棚墓群處在輝發河以南以及渾江流域，這一區域是青銅時代至西漢時期濊貊族的生活居住地，因此這些石棚墓的族屬應是濊貊族系。輝發河上游石棚墓群是吉林省南部最具特色的遺存之一，也是東北亞地區青銅時代較具代表性的墓葬群，對於研究我國東北地區青銅時代喪葬習俗有著重要的價值和意義。

二〇〇五年，輝發河上游石棚墓群被公布為第六批全國重點文物保護單位。

高句麗文化 距今三千多年前，高句麗先人就生活在渾江、鴨綠江流域。西漢元帝建昭二年（西元前37年），扶餘王子鄒牟（史書亦記為「朱蒙」）來到高句麗縣，娶高句麗部落首領的女兒為妻，進而建立了高句麗國，求屬玄菟郡，成為西漢末年邊疆地區的民族政權。高句麗國存在了七百零五年，傳二十八王，在我國東北和朝鮮半島留下了大量的文物遺跡。

高句麗文化主要是高句麗人創造的、至今仍然保留的物質文化，如建築遺址、古城、山城、古墓、壁畫、碑碣石刻和數量眾多的出土文物，還有各種文獻和文物中保留的精神文化，如宗教祭祀等。目前保留在通化域內的高句麗文化主要有：

高句麗都城文化。高句麗第二座都城國內城和丸都城，在通化市東南一百千米的集安。高句麗都城是由一座平原城和一座山城組成的。平原城國內城遺址在集安市區西側，略呈方形。石砌牆垣經過多次維修，周長約六七〇〇米。東城牆因近代以來修建房屋，部分已毀

▲ 鎏金馬飾

掉，南部還可見殘段和牆基。南牆、西牆、北牆保存較好，高處可達三至四米，四面牆垣每隔一定距離修有馬面。現在遺跡表明，北牆外側有八個馬面，南、西、東牆外側各有兩個馬面，城牆角原有角樓一類建築。已發現有七座門址，東、西、北各兩座，南面一座。城內經調查清理，有多處建築遺址，出土一批礎石、磚瓦、瓦當、鎏金器、鐵器、陶器等。其中規模最大的一處是原來的王宮遺址，現已開闢為遺址公園。城東、城北都發現了大型建築遺址，特別是北城外梨樹園子南遺址，發現成排的礎石，出土了許多磚瓦和瓦當，還出土了珍貴的白玉耳杯和鎏金箭頭，證明這裡應是高句麗重要的官署機構。

▲ 丸都山城局部

▲ 蓮紋瓦當

▲ 獸面瓦當

▲ 忍冬紋瓦當

　　為了加強防禦，於西三年修建了國內城的軍事衛城——尉那岩城，後改稱
丸都山城。同時，還在交通要道上修築了一些山城、關隘和哨卡，如霸王朝山
城、關馬山城、自安山城、羅通山城、望波嶺關隘、大川哨卡等。這些山城、
關隘和哨卡，大都是用條形石和楔形石壘砌而成，高句麗時期駐有軍隊，在戰
爭中發揮了重要的作用。

　　高句麗墓葬文化。高句麗墓葬分布較廣，在通化市郊區，以及下轄的通化

▲ 丸都山城宮殿址

▲ 丸都山城瞭望臺北壁

縣、柳河縣、集安市都發現了高句麗墓群。其中以集安洞溝古墓群規模最大、數量最多、類型最繁複,是我國第一批國家級重點文物保護單位。已發現古墓七千多座,從外形上可分為積石墓和封土墓兩種,其中十多座大型方壇階梯積石墓王陵已經列入《世界遺產名錄》,如麻線六二六號墓、千秋墓、西大墓、麻線二一○○號墓、麻線二三七八號墓、七星山二一一號墓、七星山八七一號

墓、太王陵、臨江墓、禹山二一一〇號墓、禹山九九二號墓、將軍墳。這些墓葬中保存最完好、最典型的是將軍墳。將軍墳位於龍山南麓坡地上，周圍地勢開闊，西南距集安市區約五點五千米，距好太王碑與太王陵一點五千米。陵墓氣勢雄偉，構築精良，是一座大型方壇階梯石室墓，被稱為「東方金字塔」，是典型的方壇階梯石室墓。階壇共七級，用一千一百多塊精琢的花崗岩石條砌築，逐層內收成階梯狀。底部階壇呈方形，邊長三十點一五至三十一點二五米，墓頂高於底部基石十三點〇七米。墓室建於第三級階壇之上，墓道口開於第五級階壇中央，墓室大體呈正方形，內有兩座石棺床。墓頂平面呈方形，四面條石上有建築圍欄的柱洞。曾出土較多的板瓦、蓮花紋瓦當和鐵鏈等建築構件，可以推知墓上原有寢殿一類的建築。墓後還有三座陪葬墓，第一號陪葬墓保存較好。

　　高句麗封土墓中有一批墓室內繪有精美的壁畫。集安已經發現的高句麗壁畫墓有三十六座。其年代從四世紀中葉到七世紀中葉，經歷了三百多年，大體可分為三個時期：早期壁畫，繪在塗抹白灰的墓壁上，壁畫內容以社會生活為主，表現墓主人生前的活動場面，如居家宴飲、接待賓客、車馬出行、山林狩獵、騎射角觝、歌舞百戲、珍禽異獸、日月星辰，也有一定數量的戰爭場面；中期壁畫，在保持一定數量生活場景的同時，出現了一些圖案花紋，如蓮花紋、王字紋、環紋、龜甲紋等。這一時期，藻井上還出現了四神的圖像，只是畫面較小，而且不完整，往往只有朱雀、青龍、白虎，缺少玄武；到了晚期，壁畫直接繪在修鑿平整的石壁上，內容以四神為主。朱雀、玄武、青龍、白虎都畫在墓室的主壁上，形象高大、威嚴、生動，幾乎占據整面牆壁，襯底為蓮花火焰紋，也有各種人物，四角為怪獸托龍頂梁。藻井以上畫日月星辰、神仙傳說（如伏羲女媧、神農炎帝、奚仲造車、黃帝出巡）、伎樂仙人等。這些保存較好的壁畫，保留了魏晉南北朝時期的繪畫風格和特點，印證了伸臂布指、水不容泛、人大於山或馬大於山的歷史記載，成為東北亞藝術的寶庫。

　　高句麗民俗文化。高句麗人長期生活在東北山區，在改造自然過程和同周

▲ 五盔墳 4 號墓藻井壁畫　　　　　▲ 五盔墳 4 號墓女媧圖

邊民族交往過程中逐漸形成了自己的民族習俗，如飲食習俗、好治宮室的習俗、歌舞習俗、宗教和祭祀的習俗、婚嫁和喪葬的習俗等等。

此外，高句麗碑刻文化也是獨具特色的文化。目前已發現有文字的高句麗碑有三通。中原（州）高句麗碑在韓國中原郡，另外兩通都在集安：一通是好太王碑，一通是不久前新發現的集安高句麗碑。

女真文化　女真人三次在東北建立政權，兩次入主中原，是一個偉大的民族，有著極其豐厚的歷史和文化。通化的女真文化，主要是遼金元明清時期女真人向滿族的演化歷程，包括建州女真人在通化地區的發展印跡及其文化流傳。

遼金時期女真人在通化地區的遺跡：在通化境內的渾江及幾大支流兩岸均有大量遺物出土，如通化縣富江小學銅錢窖藏、下龍頭任家窖鐵器窖藏、三棵榆樹下排磚廠鐵器窖藏、河口銅錢窖藏、大川白石砬子金代遺址等。出土的文物中有銅鏡、六耳鐵鍋、箭鏃、鐵矛、鐵農具、瓷器、陶器、銅錢等。更重要的遺址還有輝南縣永康小城子古城遺址和梅河口市金代摩崖石刻。據史料記載，遼滅渤海後，回跋族居住在以輝發河為主的松花江上游地區，永康小城子古城當為回跋城，是回跋族的聚居中心。梅河口市小楊鄉慶雲村半截山南坡的

金代摩崖石刻，則記載了遼金的一場大決戰。為紀念這場大勝利，在該處一塊巨石上，鐫刻了「大金太祖大破遼軍與節山息馬立石」的摩崖碑。可見，在遼金時期，通化地區不僅是重要的戰場，而且是女真人世代生活的熱土。

女真民俗文化及其傳承：靺鞨人之前，居住的方式主要是穴居，到了唐宋時期，地面上的木製房屋開始出現。《大金國志》記載：「聯木為柵，或覆以板與樺皮。」即「樺皮屋」。

女真人具有獨特的服飾文化。肅慎時，大多穿著用獸皮縫製的衣服鞋帽。到了遼金時期，女真人通過與漢族和其他民族交換，夏季可以用布綢做衣料，冬季則仍主要用獸皮。明朝時的女真人，已能夠植棉，並有了生產麻布的紡織手工業。女真人還通過馬市貿易，用馬匹、獸皮、人參等物換取漢人的綢緞織品。這些服飾中最有特點的是旗袍。旗袍也叫大衫、長袍，滿語稱作「衣介」。男子的原始旗袍，無領，箭袖，大襟右衽，繫扣袢，四開衩，衣長過膝，方便上下馬；婦女的旗袍，原為寬鬆肥大型，服長掩足，領口、袖頭、衣襟鑲有不同紋樣的大花邊，並鑲上花條子和彩牙，滿語稱作「陶罕」。滿族的傳統服飾還有涼帽、馬褂、靰鞡和旗鞋等。

滿族的飲食也極具特點。主食中最有特色的是餑餑，主要有豆麵餑餑、椴樹葉餑餑、蘇子葉餑餑、搓條餑餑、炸餃子餑餑、蜜糕餑餑、魚兒餑餑、打糕餑餑和黏豆包、火勺等。

滿族民間遊戲內容豐富，主要有欻嘎拉哈、跑馬城、吊老鷂、摸瞎虎、跳馬、撞拐、擊石碑、騎馬戰以及踢行頭等一些冰上遊戲，還有太平鼓、踩寸子、背阿哥、二貴摔跤、扭滿族秧歌等。

▲ 長白山薩滿神偶

滿族的宗教信仰主要是薩滿教。滿族薩滿祭祀主要是通過薩滿跳神來實現的。家祭活動主要有祭神（朝祭、夕祭）、祭天（祭神竿）、樹柳枝求福（換索）等。在薩滿祭祀中還有對長白山的崇拜。

與時俱進　揚帆遠航

文化事業日新月異　新中國成立後，通化文化藝術事業隨著國民經濟的好轉而日新月異。二十世紀五〇年代，民營公助的紅星評劇團改製為國營通化市評劇團，之後又建立了通化市京劇團和曲藝團，修建了通化劇場、曲藝劇場，成立了戲劇學校。六〇年代初，通化專署在通化市相繼建立了吉劇團、文工團。專區和市創建了戲劇創作機構等，使文化戲劇事業得到蓬勃發展。此間，廠礦、企業、農村業餘劇團、俱樂部、文化站（室）、圖書發行網點、電影放映網點逐步遍及城鄉，地、市舉辦的專業和業餘文藝會演群芳爭豔。

一九五八年，由通化市文化館蒐集、整理、編印了新中國成立後第一本詩歌、民歌集《山城之歌》。一九六四年八月四日成立了通化地區文學藝術界聯合會，由通化地區各市縣文學、戲曲、音樂、美術、攝影等文學藝術工作者組成。在「文革」中，通化市的文化藝術事業受到嚴重摧殘，地、市縣兩級文聯均在一九六六年「文化大革命」開始後解體，市曲藝團被解散，專區吉劇團與市京劇團合併。

一九七六年九月，粉碎「四人幫」後，通化的文化事業得以全面復興，文藝創作機構先後恢復，文藝工作者得到解放，文學藝術創作出現新的發展。一九七九年一月，通化地區文學藝術工作者聯合會成立。一九七九年二月，開始籌辦文學雜誌《長白山》。新建工人文化宮和政府俱樂部，戲劇演出場所和電影放映網點由一九四五年的四個增至一九八五年的三十二個。通化地區恢復吉劇團和戲劇創作室，相繼在市本級建立民間藝術團、話劇團、雜技魔術團、群眾藝術館和長白山劇場。文化事業單位由一九四五年的十二個增至一九八五年的二十一個，從事文化藝術事業的專業人員由一九四五年的一百四十六人增至一九八五年的五百五十三人。文學、戲劇、美術、攝影、書法、篆刻等作品大量問世，市京劇團、專區吉劇團演出的創作劇目多次在吉林省會演中獲獎，一

▲ 通化市文聯主辦的《長白山》雜誌

些美術作品多次在國內外展出，散文、小說、詩歌結集出版發行，公共圖書館
（室）遍及廠礦、學校、農村，圖書發行量劇增，城市鄉鎮建起文化中心、文
化站（室），使群眾文化活動豐富多彩。

　　一九八五年二月，通化地區行政公署撤銷，通化市、渾江市、海龍縣改設
梅河口市，均升格為地級市。通化市轄通化縣、集安縣、東昌區、二道江區。
一九八六年一月，梅河口市地級市撤銷，由通化市代管；輝南縣、柳河縣歸通
化市屬轄。原通化地區所屬的文藝團體均以通化市冠名，原通化市所屬文藝團
體名稱不變，晉陞為科級單位，並新組建通化市文化局。

　　一九九二年六月十八日，召開了通化市文學藝術工作者第一次代表大會，
正式成立了通化市文學藝術界聯合會，下設通化市作家協會、通化市民間文藝
家協會、通化市戲劇家協會、通化市音樂舞蹈家協會、通化市美術家協會、通
化市書法家協會、通化市攝影家協會、通化市朝鮮族作家協會。調整組建了

▲ 書畫作品展現場

▲ 農民文化節演出現場

《長白山》編輯部，繼續出版《長白山》文學雜誌。

　　沐浴著改革開放的春風，全市文學藝術事業得到了前所未有的繁榮發展，隊伍不斷壯大，形成了一支專業和業餘結合、老中青相結合的創作隊伍，作品數量和質量都空前提高。由通化市作家編劇的電影《掙扎》（後改名《葵花劫》）、《院長爸爸》先後在國內外放映，電視劇《青蘋果、紅蘋果》《相思河的故事》《新虎口脫險》《血染的玫瑰》《劉羅鍋斷案傳奇》《夜幕下的哈爾濱》《清凌凌水、藍瑩瑩天》等在中央電視台第一套黃金時段播出，共出版小說、詩歌、散文、童話、紀實文學、民間文學、戲曲劇本等三百九十多部。其中小說集《血劫》《昌盛街》，長篇小說《上帝之子》《雪殤》《梅娘》《獄警與囚徒》《狼狗》，長篇紀實小說《滿洲落日》、長篇紀實文學《抗日民族英雄楊靖宇傳奇》及《朱雷詩集》等，在省內外有較大影響，深受廣大讀者的歡迎和好評。

　　進入二十一世紀，通化市的文化事業可謂群星璀璨、百花齊放。二〇〇五年由通化市藝術創作研究室創作、通化市歌舞劇院排演的大型革命歷史報告劇《長白英魂》晉京參加「紀念中國人民抗日戰爭暨世界反法西斯戰爭勝利六十

▲ 市文聯組織創作的音樂情景劇《熱血與生命的交響》演出現場

週年」展演活動，並獲吉林省「五個一工程」獎；二〇〇九年四月，市委、市政府與通化市紅星洗煤有限公司、北京野塵影視文化有限公司簽約投拍三十集電視連續劇《遠去的飛鷹》。該劇的攝製播出不僅彰顯了通化市「山水麗鄉、英雄名城、革命老區」的厚重歷史文化底蘊，同時也有力推動了通化文化產業的快速發展，擴大了通化市在全國的美譽度和影響力。二〇一一年在吉林省第十屆長白山文藝獎評選中，通化市報送的長篇小說《少年特種兵》和著作《滿族枕頭頂刺繡圖鑑》榮獲作品獎，電視劇《遠去的飛鷹》獲作品獎提名獎；王純信獲成就獎，王紀獲新星獎。二〇一四年在吉林省第十一屆長白山文藝獎評選中，動畫片《參娃與天池怪獸》榮獲作品獎，紀錄片《堅守》、相聲《閒扯東北語》、快板《認乾親》獲作品獎提名獎。迎新春文藝演出、文化產品博覽會、春節文化大集、文化進萬家、萬副楹聯飄紅百姓家、市民文化節、農民文化節、「深入生活、紮根人民」等主題文化活動的深入開展，進一步豐富了山城人民的文化生活，滿足了人民群眾的文化需求，提升了城市的文化品位。

▲ 市舞蹈家協會在活動中表演舞蹈《茉莉花開》

▲ 市書法家協會開展文化進軍營活動

文藝家隊伍發展壯大　通化市高度重視文聯工作，緊緊抓住協會建設並以此帶動整個隊伍建設，極大地推動了通化文學藝術事業繁榮發展。

在新中國成立以來形成的作家、美術家、音樂家、舞蹈家、戲劇家等傳統八大協會設置基礎上，探索研究、增設了九個協會：結合通化地區朝鮮族群眾較多（十萬餘人）的實際，成立了朝鮮族藝術家協會；結合通化地處長白山區的實際，成立了長白山文化研究會；結

▲ 市攝影家協會「喜迎十八大攝影藝術作品展」評比現場

合電視劇藝術迅猛發展的實際，成立了影視創作室；結合通化書法藝術發展較快的實際，將書法從美術家協會分離出來單獨設會；結合通化古體詩詞復興的實際，成立了佟江詩社；結合南方茶文化在通化紥根並興起的實際，成立了茶文化協會；結合楹聯愛好者雨後春筍般湧現的實際，成立了楹聯協會；結合廣播電視藝術迅速發展的實際，成立了廣播電視藝術家協會；結合推進通化人參產業發展實際，成立了人參文化研究協會。通過協會建設，進一步強化了對會員的組織和管理，培養了一大批人才，發展壯大了作家藝術家隊伍，為本土原創的文化藝術產品錦上添花。

目前，通化市文聯下設十五個協會，共有會員三千一百五十二人，其中省

▲ 原創大型舞蹈《人參仙子》劇照

▲ 舞臺劇《青春哈哈鏡》

▲ 改制後的通化歌舞劇院演員參加北京奧運會

級會員八百四十四名、國家級會員一百三十七名。市作家協會有會員七百五十名，其中省級會員一百六十八名、國家級會員八名；市書法家協會有會員五百八十名，其中省級會員九十名、國家級會員三十九名。他們的作品曾代表通化市、代表吉林省衝擊國家級大獎，獲得諸多殊榮。比較有影響的有：大型原生態歌舞劇《人參仙子》、大型青春舞台劇《青春哈哈鏡》、三十集抗戰題材電視劇《決戰華岩寺》、三十集以松花硯為題材的電視連續劇《終狙者》、三十四集反映我國百年工業興衰的歷史年代電視連續劇《鋼魂》、三十集電視連續劇《山參王》、四十四集電視連續劇《上尉和他相識的女人》、三十集電視連續劇《山魂》。還有單本電視劇《都是酒惹的禍》《猜畫》；通化市首部室內輕喜劇《弘康社區的故事》以及市歌舞劇院參演的大型音樂舞蹈史詩《復興之

▲ 改制後的通化歌舞劇院有限公司外貌

路》等等。

　　近些年，還參加了央視春晚、二〇〇八年奧運會開閉幕式等系列演出活動。創作了《逛故宮》《壓歲錢》等九部作品。其中話劇小品《好漢你我他》獲文化部群星獎和省編劇一等獎，話劇《對流雨》獲中國戲劇文學銀獎和田漢戲劇獎。在吉林省第三屆二人轉小品藝術節上，參賽的六部作品獲一等獎。在中國殘疾人聯合會、國家民政部聯合主辦的全國文藝調演中短劇《雨夜》獲優秀獎。小戲《咱們都是親兄弟》獲文化部群眾文化學會劇本徵集一等獎，電影《院長爸爸》獲二〇〇七年中國電影華表獎，《紅紅的楓葉》獲東北金虎獎二等獎。另外還有《夜幕下的哈爾濱》《新虎口脫險》《關東魂》《血色玫瑰》《天堂馬幫》《開國元勛朱德》《兄弟海》等，在全國均創下了很高的收視率。

　　文化行政體制改革進展順利　借全國文化體制改革的東風，全市於二〇〇七年拉開了文化行政管理體制改革的序幕。

▲ 東昌區江南社區居民在文化活動室排練

▲ 柳河縣駝腰嶺鎮農民在圖書室看書

▲ 二道江區廣場活動中心

▲ 3.3萬平方米的通化市科技文化活動中心

市歌舞劇院轉企改制順利完成。通化市嚴格貫徹落實中央和省委制定的文藝院團轉企改制的五條標準，對通化市歌舞劇院進行轉企改制，按照現代企業制度要求完善了法人治理結構。

一级图书馆

中华人民共和国文化部
二〇一三年十月

▲ 通化縣圖書館被文化部評為國家一級圖書館

文廣新行政管理機構順利整合。整合文化、廣電、新聞出版行政管理機構，組建通化市文化廣電新聞出版局，形成了統一高效的綜合文化行政責任主體，有效提高了行政效率。文化市場綜合執法改革順利推進。把文化、廣電、文物、體育等部門的文化市場執法職能合併，組建成立了通化市文化市場綜合執法支隊，解決了多頭執法、重複執法的問題，率先在省內完成綜合執法改革任務。

文化服務體系日臻完善 通化市充分保障城鄉群眾的文化權益，著力構築了覆蓋城鄉、分布合理、均衡發展、網絡健全、服務優質、管理有序的公共文

體設施體系和服務體系。

近年來共爭取到國家、省投資五千一百六十二萬元，建成了十二個街道文化活動中心、五十九個鄉鎮綜合文化站、一百三十七個社區文化活動室、六百八十一個農村文化大院和農家書屋。先後在全市建

▲ 在通化市西山體育場開展全民健身專案展示大會

成文化信息資源共享工程基層服務點六百一十一個，為廣大基層單位和農民群眾提供了實用性、知識性、娛樂性的數字文化信息服務。先後籌集資金一千三百八十餘萬元，對高志航紀念館、市體育館、游泳館和東方紅劇場進行維修和改造升級。從二〇一一年開始高志航紀念館、市圖書館、市群眾藝術館、市朝鮮族藝術館、市美術館實現免費向群眾開放，構建了通化市依託文體基礎設施服務全市人民的公共文化服務網絡。二〇一一年，通化市新建集科技館、歷史博物館、自然博物館、群眾藝術館和美術館為一體的市科技文化活動中心。該中心建築面積三點三萬平方米，總投資二點七億元。該中心的建設，極大改善了全市公共科普、文化場館的現狀，讓廣大人民群眾充分享受到文化建設成果。

文化產業蓬勃發展　通化將文化產業發展作為建設民生幸福通化的重要立足點和增長點，納入全市經濟社會發展規劃。二〇〇五年市委將文化產業列入全市五大優勢產業之一，二〇〇七年將文化產業作為全市十大重點產業之一加以培育，二〇一〇年提出「加快打造長白山地域文化中心」的戰略目標，把拓展文化產業空間、打造優良文化產業園區作為帶動經濟社會發展的重大戰略舉措，文化產業逐步走上了快速發展的軌道。

實施松花硯主打戰略，提升文化產業品牌。投資六千四百八十萬元，興建了建築面積一萬六千平方米的關東文化產品交易市場。該市場以經營松花石、奇石、松花石硯及非遺產品為主，是我國松花石產品、非遺產品交易園區，是

吉林省文化產品交易基地、
吉林省旅遊紀念品集散地，
被命名為省級文化產業示範
園區。同時，兩屆「中國·
通化松花硯（石）文化節」
的舉辦和宣傳，提升了松花
石產業這張「文化名片」的
知名度、美譽度。

▲ 東昌包裝印刷產業園百利克朗思車間一角

▲ 通化關東文化產品交易市場開業

▲ 修正展覽館內不同時代的度量衡

　　實施資源整合項目謀劃戰略，增強文化產業發展後勁。進一步挖掘整合長白山、鴨綠江地域文化資源，先後徵集項目一百五十八個，謀劃五千萬元以上項目三十個。組織文化企業參加在深圳舉辦的省重點文化產業項目招商推介會，重點宣傳推介了中國‧通化國際滑雪旅遊休閒度假區、通化縣大安鎮松花奇石商品街（基地）、長白山滿族民俗文化生態村等二十三個項目，其中億元

以上投資項目十五個，規劃總投資近百億元。

　　實施項目拉動戰略，不斷壯大文化產業規模。投資三億元的百利克朗思包裝印刷項目、投資一億元的利通包裝印刷項目等都已投入運營。二〇一四年，通化・東昌包裝印刷產業園區被評為吉林省重點園區。通化瑞璟松花石交易中心和博覽中心、修正藥業修正展覽館、吉林長白山人參博物館、大泉源酒業酒文化博物館項目的落成，都為壯大文化產業規模起到了很好的示範效應。

　　實施人才推動戰略，促進文化產業繁榮發展。通化市積極搭建文化人才發展平台，成立文化產業促進會，不斷完善和創新工作載體，培育出李振華、楊軍、宋文采、李恩長、梁剛、毛瑞璟、劉曉春、周震軍等一批各類優秀文化產業人才；湧現出劉祖林、張國江、張彥江、李藝發、徐貴庫、叢永莉、崔忠昌等一批國家級和省級名家大師，為推動通化文化事業發展做出了積極貢獻。

　　文物保護成果顯著　從民國時期開始，通化就進行了一系列的文物古蹟調查工作，並將發現的遺跡著錄於舊縣志中，為後來的研究工作提供了可靠的線索和依據。

　　一九三五年，通化縣大都嶺鄉曾出土一方元代官印，即「左衛阿速親軍千戶所印」。當時地方政府將其徵集並做了詳細記錄，內容包括銅印的出土情況、印文的印模、尺寸、重量、邊款及年代推斷等，現藏於遼寧省博物館。當時的記錄及印模仍保存在通化市收藏愛好者手中。

　　新中國成立後，由地方文化部門負責文物保護工作，海龍縣、集安縣（今梅河口市、集安市）相繼成立了博物館。一九五九年，我國開展了第一次全國文物普查工作。通化地區由東北師大歷史系與通化文化部門組成聯合普查隊進行文物普查工作。調查發現了一批歷史文化遺跡，同時對通化王八脖子遺址進行了考古試掘，一九六一年將王八脖子遺址、慶雲女真摩崖石刻、輝發古城等公布為第一批省級文物保護單位，洞溝古墓群被列為第一批全國重點文物保護單位。

　　十年動亂期間，歷史文化遺跡遭到了嚴重破壞。「破四舊」使通化市玉皇

閣遭到前所未有的浩劫。大殿內的泥塑玉皇大帝神像以及關羽塑像等被砸毀，精美的壁畫、廊畫等毀於一旦，鐘鼓樓上鐘鼓被洗劫一空，殿內供奉的一批銅佛造像以及藏於玉皇閣的「法界源流圖卷」不知下落。「文革」後經查找，得知「法界源流圖卷」當時被市「革委會」送交省「革委會」，後由吉林省博物館收藏。

一九八〇年五月，通化地區文物管理委員會成立，具體負責全區十個縣、市的文物保護管理工作，這是新中國成立以來通化市第一個專職負責文物保護管理工作的機構。同年，成立了通化地區文物收購站，收集流散在民間的文物。如故宮遺失的明代仇英的《十八英真圖卷》、渤海時期金缽、元代蟠螭紋瑪瑙巧色帶飾板等一級文物，就是由文物收購站收購的。

一九八三年，通化地區展開了第二次（全國）文物普查工作，同時首次編寫了各縣市《文物志》，根據普查結果公布了第二批省級和市縣級文物保護單位。一九八七年，通化市人大對全市文物保護工作進行了視察，市政府撥專款兩萬元用於市級文物保護單位的保護標誌建設，市文管會辦公室製作並豎立了標誌說明牌，完善了文物保護單位的「四有」建設。一九九六年，通化市政府公布了第三批市級文物保護單位，共十三處，並製作了高標準的永久性石刻標誌說明牌，進一步完善了「四有」制度。二〇〇九年，通化市又開展了第三次（全國）文物普查。到目前為止，全市發現各類遺跡九百四十一處。其中十四處被公布為全國重點文物保護單位，四十處被公布為省級文物保護單位，六十八處被公布為市縣級文物保護單位。

文化交流活動日趨活躍 從二十世紀八〇年代初期開始，通化市與韓國漢城（今首爾）市松坡區就建立起了城際友好關係。雙方領導互訪，文化交流頻繁。為促進兩地之間的文化藝術交流，經通化市人民政府與韓國松坡區共同商定，韓國漢城市松坡區民俗藝術團一行四十八人於二〇〇五年六月十日至六月十一日來通化市進行了友好訪問，並分別在通鋼集團和集安市舉行兩場訪問演出活動。

▲ 通化歌舞劇院與日本福岡開展文化交流活動

▲ 通化、丹東兩地攝影家協會開展文化交流

二〇〇八年九月，通化歌舞劇院應日本福崗市文化交流中心的邀請，一行十二人赴日本福崗市進行訪問演出，在日本福崗市文化活動中心舉行了兩場盛大的聯合演出活動。通化市歌舞劇院以中國經典舞蹈《茉莉花》《難忘今宵》等十餘個節目迎得滿堂喝采，兩千餘人的劇場座無虛席，為通化人民爭得了榮譽，促進了中日文化的互助、共建與發展。

　　近幾年，市文聯還組織作家赴撫順、撫松等地和朝鮮、俄羅斯等國進行採風及文化考察。音樂家協會、美術家協會、戲曲家協會和作家協會聯合組團赴江浙十個城市、山東十一個城市進行文化考察；組織書畫藝術橫向交流活動，舉辦了「吉林·江西·海南三省書法聯展」「長白山墨韻·通化——白山百人書法精品展」；組織參加了吉林省首屆民間工藝文化大師評選和中國民間藝術促進會舉辦的東北風國際大賽活動，有八位同志被評為吉林省首屆民間工藝文化大師，占全省總數的百分之三十，王純信、倪友芝、張傑和叢永莉分別獲得東北風國際大賽金獎、銅獎和金剪刀獎。

第二章————

文化事件

春風暗遣滄桑去，悠悠已過六千年。歷史譜寫著壯美的樂章，也吟唱著迷人的歌謠。在這塊累積豐厚的文化土壤上，曾經金戈鐵馬，鼓角爭鳴；曾經虎嘯龍吟，墨韻芬芳……那一樁樁波瀾壯闊、驚心動魄的文化事件，揭開遠古神祕的面紗，豐盈著山城的羽翼，厚重著山城的底蘊。正所謂：山城發展，文化鑄魂。

漢賜高句麗鼓吹伎人

　　西元前一〇八年，漢武帝在東北設玄菟、樂浪、臨屯、真番四郡進行管理，這是對東北地區實行郡縣行政管理之始。高句麗人居住在玄菟郡高句麗縣，活動區域大體上在今日渾江、鴨綠江流域（應為集安至桓仁一帶），使用漢代鐵工具、兵器進行農業和漁獵生產。

▲ 大型舞臺劇《夢縈高句麗》劇照

▲ 集安舞踴墓群舞圖

▲ 五盔墳 4 號墓青龍圖

　　長期以來，尤其是高句麗國成立後的七百零五年的歷史中，高句麗人及其地方王國在漢王朝的軍事、政治、經濟統治和民族藝術的傳播中，創造了極富地域特色的輝煌的文化藝術。《後漢書》東夷列傳記載：「武帝滅朝鮮，以高句麗為縣，使屬玄菟，賜鼓吹伎人」。《三國志・高句麗傳》也有這樣的記載：「漢時賜鼓吹伎人，常從玄菟郡受朝服衣幘，高句麗令主其名籍。後稍驕恣，不復詣郡，於東界築小城，置朝服衣幘其中，歲時來取之，今胡猶名此城為幘溝婁，幘溝婁者，句麗名城也。」

　　這段記載說明，西漢時高句麗人的物質生產水平和文化生活相對落後，高句麗部落酋長和貴族們對漢朝統治者的奢華生活及華麗的衣物非常羨慕。漢政府為了更好地控制這一地區的高句麗人，根據他們的需要，經常賜給他們「鼓吹伎人」和「朝服衣幘」。高句麗人從玄菟城接受這些賜贈，並由高句麗縣的縣令具體掌握簿籍名冊。

　　高句麗國成為漢代北方一個少數民族的地方政權，由玄菟郡來管轄。作為漢朝的地方官，中央通過玄菟郡賜給高句麗王漢官服飾、衣帽和儀仗。鼓在漢代樂舞百戲中起著舉足輕重的作用，在漢樂舞表演中擔負著主奏的任務。鼓與其他管絃樂器、鼓與舞蹈的組合，成為漢樂舞表演中眩人耳目的部分。漢代在西北邊疆興起了鼓吹樂。它以不同編制的吹管樂器和打擊樂器構成多種鼓吹形式，如橫吹、騎吹、黃門鼓吹等等。他們或在馬上演奏，或在行進中演奏，用於軍樂禮儀、宮廷宴飲以及民間娛樂。高句麗古墓中關於漢武帝時高句麗鼓吹

▲ 五盔墳 5 號墓神農圖

樂的壁畫，就充分展示了高句麗鼓吹樂的相關情況。今日尚存的民間吹打樂，仍有漢代鼓吹的遺風。

　　高句麗政權經歷了兩漢、魏晉、南北朝、隋唐，始終是一個地方政權。中原政權更迭，皇帝變換，高句麗諸侯王的地位沒有變。高句麗人中一直流傳著卵生、鳥圖騰的傳說，與商周始祖降生說相似。壁畫中繪有伏羲、女媧、神農、黃帝和朱雀、玄武、青龍、白虎四神圖，使用漢字和漢晉貨幣，他們身上打著「龍」的印記。

康熙賜名國寶松花石硯

「壽古而質潤，色綠而聲清，起墨益毫，故其寶也。」這是清皇帝康熙在松花石雙鳳硯背面作的御銘。

松花石又名松花玉。清初孔尚任在《享金簿》中記載，松花石產於關東苦寒之地，當地人原本多用作磨刀石，外人知之者甚少。康熙帝慧眼識寶，用以雕製清宮御硯，並撰寫了《松花石製硯說》：「盛京之東，砥石山麓，有石纍纍，質堅而溫，色綠而瑩，紋理粲然，握之則潤液欲滴。有取作礪具者，朕見之以為良材也。」松花石質地剛柔相濟，所製之硯「滑不拒墨、澀不滯筆、久磨不減其鋒、貯墨不涸」，且「扣之如銅」，鏗鏘成韻，清脆悅耳。松花石硯與端硯、歙硯、洮硯、澄泥硯等一同被譽為中國十大名硯。其中以端歙聲名最著。但到了清代，松花石硯「品埒端歙」成為大清鼎盛時期帝王的最愛，獨領風騷，可謂「硯中官窯」。縱觀名硯之林，松花石品類粲然，無可比擬，諸如松江靜水、松江蕩絲、紫袍玉帶、紫雲煙、赤柏紋、金鑲玉、靜綠、龍眼、鳳眼、金線、朝霞，堪稱天成佳構。其他名硯皆以木盒套硯，唯有松花石硯獨樹一幟，多用松花石、葉蠟石、軟玉等雕盒套硯，備受清皇室青睞。

康熙三十年，內務府造辦處在武英殿專設松花石硯作坊和開採松花石的專司衙門，並將松花石產地長白山區嚴密封禁。清宮製松花石硯盛於康、雍、乾

▲ 清・康熙 蒼龍教子硯

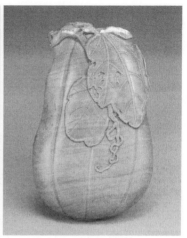

▲ 清・康熙 甘瓜石函硯

三朝。康熙帝將松花石硯拔擢作御硯，還常常賞賜給大臣，尤其是康熙四十二年（西元一七〇三年），一次性賞賜翰林院官六十七人每人一方綠色松花石硯。現在存世的清松花石硯中，多數帶有「以靜為用，是以永年」的銘文，為

▲ 清・雍正 竹節硯蓋面

▲ 清・乾隆 河圖洛書硯

▲ 清・雍正 葫蘆硯硯銘

▲ 清・乾隆 荷塘硯硯銘

雍正年間雕製，銘文乃雍正帝的手筆。風流儒雅的乾隆帝對松花石硯更是愛不釋手，三下江南攜帶了二十件寶物，松花葫蘆硯便是其中之一。

　　清宮御製松花石硯以其稀有、高貴、精工細刻而備受珍寵，它傳達了一個王朝最鼎盛的氣息。然而到了清朝中期，隨著國勢逐漸衰頹，嘉慶以後幾乎不再製硯。又因為松花石產地還是清王朝「龍興之地」，被長期封禁，故存世的松花石硯多為北京故宮博物院和台北故宮博物院的館藏，民間收藏極為珍少，甚至銷聲匿跡長達百餘年。

清帝東巡輝發圍場賦詩

　　清朝歷代皇帝都視輝發山為祖宗發祥地之一，每到盛京、興京拜謁，往往都要親臨輝發山，憑弔古城，行圍打獵。

　　康熙三十七年（西元1698年）七月，聖祖玄燁因平定噶爾丹叛亂，親往盛京拜謁祖陵。「於冬十月丁未日，上行圍，槍斃二熊。是日，駐蹕輝發。」他觸景生情，寫下了《行圍輝發詩》：「鐵馬金戈百戰時，戎衣辛苦首開基。楊邊鼾睡聲先定，始布中原一著棋。」乾隆十九年（西元1754年）八月，高宗弘曆東巡，又親臨輝發故城，寫下了《輝發故城懷古》詩一首：「天教草昧起英雄，開創艱難自大東。鏟削蓬蒿基景遠，馳驅險阻立豐功，諭盟徒恃營三窟，不戰惟勞舉一戎。荒堵秋風懷昔日，欽承統緒凜予衷。」此後輝發山不斷有皇親貴冑登臨，及至咸豐年間內憂外患頻仍，輝發山從此再無皇族臨幸。

▼ 輝發山老圍場遺址

▲ 輝發山出土的五彩碗

　　清王朝建立後，把輝發山（位於通化市輝南縣境內）一帶闢為圍城。圍場地面屬盛京將軍管轄，因此叫「盛京圍場」。盛京圍場南從三通河沿起，北至伊通河沿止，東始於輝發城，西至威遠堡邊門止，大約在四百華里直徑的方圓內。圍場共設一百零五圍，其中輝發河上游一段約十圍，所以輝發山一帶又成為清朝廷長達二百六十餘年的皇封禁地。直到光緒五年（西元1879年）「盛京將軍派人調查流民私墾情況，明確了留用的大圍場和放墾的鮮圍場的界限」，輝發山一帶才開放於民。

　　新中國成立後，考古工作者經過挖掘，在輝發古城內外發現了大量的文物，如遼金元明時期的器皿均有發現，特別是明代官、民窯瓷器較為多見。其中有琺花三彩瓶、黑釉瓶、五彩瓶、各種碗盤、金銀首飾等，有戰爭遺物，如銅馬鐙、鐵甲片、金屬箭頭以及兵士骨骸等，這些都進一步證明了輝發古城悠久的歷史文化和滄桑變遷。直到「文革」前，輝發山頂端東北角還保留著一座

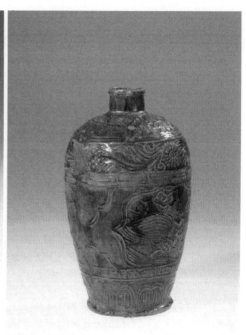

▲ 輝發山出土的鎏金銅帽頂　　　　　　▲ 輝發山出土的三彩印花瓶

古廟，即馬發廟。相傳乾隆皇帝巡幸輝發山時，因迷失路徑，是山民馬發執銅鑼在前引路，才把皇帝一行帶出山麓。乾隆帝欲賜馬發引路之功，可馬發不要金銀財寶，只要皇帝賞賜給他這座輝發山。皇帝聽信佞臣之言，懷疑馬發心懷反間，下令追殺。待到弄清真相時馬發已死，乾隆帝遂頒旨封馬發為「引路侯」，並在輝發山頂敕建馬發廟。光緒十八年（西元1892年），在輝發山東面山腳處建海雲宮道觀，供奉著關帝、三霄娘娘，有道人主持。每逢農曆四月十八、二十八廟會，香火日盛，熱鬧非凡。「文革」時，馬發廟和海雲宮同時被毀，現今原址僅存一片瓦礫，只有海雲宮一口鑄鐵大鐘倖存下來。人們將它懸於崖頂新落成的涼亭中央，俯瞰著輝發古城的全貌，伴著輝發河滔滔流水，彷彿傾訴著古城的興衰往事。

關月山發現好太王碑

　　好太王碑坐落在集安市區之東四千米處，西南距好太王陵三百五十米，距今已有一千六百多年的歷史。清初康乾之世，長白山區被封禁兩百多年，好太王碑被湮沒在荒煙蔓草之中。

　　清光緒三年（西元1877年），桓仁設縣。書啟關月山發現了好太王碑，進而展開深入考證，引起眾多學者、專家關注，不斷掀起研究的熱潮。人們紛紛捶拓、考釋、研究，好太王碑已成為國際關注的碑刻文化。

　　好太王碑是中國東晉時期高句麗第十九代王名安的記功碑。其於西元三九一年即位，號永樂太王，逝於西元四一二年，號稱國岡上廣開土境平安好太王。此碑是其子長壽王於東晉安帝義熙十年（西元414年）建立的。墓碑全稱為國崗上廣開土境平安好太王碑，亦稱廣開土王碑或廣開土王陵碑。

　　好太王碑是由一塊巨大的天然角礫凝灰岩石柱略加修琢而成，其石料多見於集安的良民和上下活龍一帶的鴨綠江邊。碑體呈方柱型，高六點三九米，底部寬在一點三四至一

▲ 清末民初的好太王碑，碑體可見格框，或為刻碑時所用

點九七米之間，頂部寬一至一點六米，第三面最寬處可達二米。整個碑體矗立在一塊花崗岩石板上，四面環刻漢字碑文，文字大小在十釐米左右，字體漢字隸書，共四十四行，每行四十一字。碑的四面均鑿有天地格，而後再施豎欄。碑文鑴刻在豎欄內，原刻總計一千七百七十五字，其中少部分字已脫落無法辨識。碑文書法方嚴端莊，樸茂古拙，形成一種方方正正的書法風格。

▲ 1925年之前的好太王碑

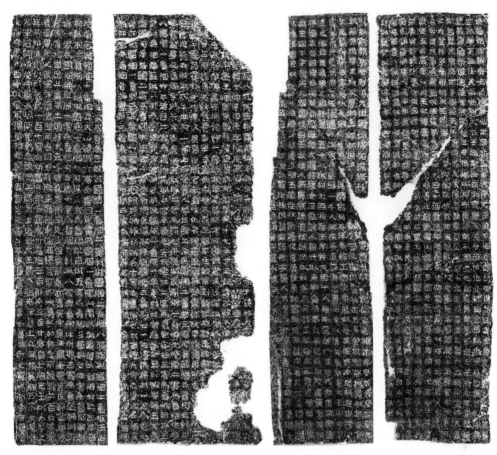

▲ 好太王碑拓片

　　好太王碑記述了好太王一生東征西討的戰爭功績和有關高句麗起源及建國的神話傳說,同時對守墓煙戶也做了規定。它是研究漢魏之際高句麗政權形成和發展的僅存資料,是中國碑刻藝術寶庫中的稀世珍品。

　　碑文內容大體分三段。第一段以高句麗建國的神話傳說演繹出好太王在位二十二年,高句麗國政治穩定,經濟繁榮,軍事力量強大的情況。正如碑文所記:「庶寧其業,國富民殷,五穀豐熟」。為了紀念好太王一生的功業,銘刻守墓煙戶,立了這塊碑。第二段為碑文,以較大的篇幅記錄了好太王一生東征

▲ 1927年，集安工商各界集資修建好太王碑碑亭

▲ 1928年，集安工商各界集資修建成的好太王碑碑亭

▲ 好太王碑遠景

▲ 申遺後的好太王碑

西討，開疆拓土的戰事和軍事活動。將碑文和有關文獻結合，可看出其戎馬生涯的全部。第三段記錄為好太王守墓的三百三十家煙戶的來歷及相關制度，對研究高句麗的社會生活及王族喪葬制度具有十分重要的意義。碑銘是研究高句麗歷史的珍貴資料。由於內容涉及朝鮮半島和當年日本列島倭人的活動，所以自光緒初年發現以來，備受中外史家關注。二十世紀八〇年代初，中國學者經過深入調查，使好太王碑的研究有了巨大突破。

好太王碑是現存最早、文字最多的高句麗考古史料，它確認了自中世紀以來為世人遺忘的高句麗文明及中心之所在。它猶如一個碩大的驚嘆號，在提示人們不要忘記歷史。

為了保護此碑，一九二八年曾建築過木質碑亭。一九六五年，對碑體作了化學封護。一九七七年，在碑座四周修築大型加固的水泥明台，同時對碑體作了再次封護。一九八二年，修築了鋼筋混凝土結構的大型永久性碑亭，擴建圍牆，擴大了保護範圍，並設有專人進行保護管理。

好太王碑是集安高句麗世界文化遺產的重要組成部分，是中華民族古代文化的見證。

毌丘儉紀功碑出土

清光緒三十年（1904年）七月，輯安縣（今集安市）設治員吳光國在同和嶺和板石嶺（現稱小板岔嶺）上率鄉民開山路，一位鄉民發現一塊刻有字跡的石碑，碑身繫赭紅色含石英粒岩石鑿刻而成。發現時只殘餘全碑之左上角，表面光潔，碑陰亦作修琢；殘長三十九釐米、寬三十釐米、厚八十八點五釐米，漢字陰刻，可見七行四十七字，另有三字雖殘但可辨識，共得五十字；其字體為隸書，遒勁古樸鑿刻工拙，實可寶之。

據僅存文字釋度，其大意為：正始三年高句麗反叛，魏遣七牙門舉兵討伐，於正始六年五月凱旋。碑後幾列雖不能見其姓名，可知為參加此次戰役之將軍。

據《三國志魏·書丘儉傳》記載：「正始中，儉以高句麗數侵叛，督諸軍步騎萬人出玄菟，從諸道討之。句麗王宮將步騎二萬人，進軍沸流水上，大戰梁口，宮連破走，儉遂束馬懸車以登丸都，屠句麗所都，斬獲首虜以千數。宮將妻子逃竄，儉引兵還。六年，復征之，宮遂奔買溝。儉遣玄菟太守王頎追之，過沃沮千有餘里，至肅慎氏南界，刻石紀功，刊丸都之山，銘不耐之城。」從上述記載來看，毌丘儉刻石紀功有兩處，此碑當為其一，即「刊丸都之山」碑。可見毌丘儉紀功碑的發現，足資證明《三國志·高句麗傳》所記正始五年毌丘儉討高句麗是確有其事的。而與同書丘儉傳記載的「六年，復征之」實為同一事件的繼續，為正始五年出兵，六年班師。

▲ 毌丘儉紀功碑拓片

毌丘儉紀功碑發現之後，引起當時學術

界極大的重視，諸史家對碑文涉及史實、文意、歷史地理及殘字等頗多考證。其考釋最精當者，應為王國維先生，他在《觀堂集林》之《魏毌丘儉丸都山城紀功石刻跋》一文中對毌丘儉紀功碑詳加考證，訂補闕文，碑文如下：

正始三年高句麗反（以下闕毌丘儉銜名）

督七牙門討句麗五年無

復遣寇六年五月旋師

討寇將軍魏烏丸單于寇婁敦

威寇將軍都亭侯

行裨將軍領玄菟太守王頎

行裨將軍

以上闕文，大概當時隨毌丘儉東征的樂浪太守劉茂，帶方太守弓遵等諸將銜名。又考是役乃四年會師，五年出兵，六年旋師而無復遣。至此，碑文大意已通。

毌丘儉何許人也？《三國志・魏・書丘儉傳》記載：毌丘儉為三國時期曹魏政權的幽州刺史，州治在今天河北涿縣。

毌丘儉率步騎兵萬人，從涿州出兵，沿今凌源、北票、義縣、溝幫子、瀋陽、撫順路線進軍。高句麗王位宮以步騎兵二萬迎敵，於梁口（今通化縣江口）處決戰。毌丘儉大破丸都山城，斬殺和俘虜上千口人，高句麗山上王帶妻子出逃。

第二年（正始六年），山上王聚人再戰，毌丘儉再征高句麗，大勝。在丸都山和不耐城（今朝鮮江原道安邊郡）兩處刻碑記其事。

通化縣府設立勸學所

　　清光緒三年（西元1877年），通化設治之前，由於人口稀少，又屬皇家禁封之地，通化地域幾無教育可言。設縣之後，教育事業才遲緩發展。清光緒三十二年（西元1906年）八月，縣府設勸學所。勸學所是管理全境學務的機關，以本地地方官為監督，每學區設總董一人，負責各學區之事務，設勸學員一人。孫作新被委任為通化勸學總董兼縣視學，這是通化第一位總董。但勸學所正式設立卻是在兩年後的清光緒三十四年（西元1908年）七月。通化勸學所總董一人，學董四人。宣統元年（西元1909年），總董改稱勸學員長。

　　當年興辦教育的方式主要是在城區和人口較稠密的村落開私塾。教育私塾分為兩種：一種是地主、商賈聘請塾師教自家子弟的私塾，又稱家塾；二是塾師自辦學館，稱私學館。農村大戶開設的私塾又叫族館。一處私塾僅收十幾名學生，不分班級，不定學制，入學時間不限，入學年齡不限，以小銀洋或糧食為學費。清光緒五年，通化縣設義學，亦稱義塾，是以祠堂廟宇的地租或私人捐款舉辦的免繳學費的私塾。西元一九〇〇年前後，在城內有蘇道士的私學館和王鳳閣將軍之父王四先生的私學館。一九〇三年又有山東徐冠堂先生在通化城內設館。

　　私塾教學內容，初學以《三字經》《百家姓》《千字文》《莊農雜字》《千家詩》《名賢集》之類作為啟蒙教材。學習二三年後開讀「四書」，即孔孟經典《大學》《中庸》《論語》《孟子》；再深一步教「五經」，即《詩》《書》《禮》《易》《春秋》和《古文觀止》等。私塾以文科教學為主，教學生識字、背誦、寫毛筆字、做八股文章，也教打算盤、記賬等基本技能。

　　知縣潘德荃上任後，實施開明辦學策略，主張辦新學堂，明令取締私塾，訓練塾師，充實新學堂師資。但因當時人們對新學堂缺乏認識，私學仍在民間延續。為加大教育改進力度，遂於一九一三年將勸學所改為教育公所，勸學員

長改稱所長。次年，教育公所復稱勸學所。一九二三年六月，又改為教育公所。直至一九二八年，教育公所改為教育局，勸學所之名消失。

一九三一年「九一八」事變後，一些民族自尊心強的老師不願在日偽政權統治下從事奴化教育，離開學堂辦私塾，一時私塾呈再興之勢。日偽政權雖禁辦私塾，但為彌補當時學校不足的態勢，採取限制與轉化等措施，在私塾中開設部分官方指定課程，使得私塾逐年減少。一九三九年城內尚存八家私塾，學生百餘人。

一九四〇年後，日偽政權推行新學制，將現存私塾改為國民義塾，規定教材，把日語列為必讀課。至一九四二年，偽市公署設教育科，統管全市教育，從體制上強制推行奴化教育，私塾數量銳減，勸學所不得不徹底解體。這一時期通化的教育一度走向了低谷。

▲ 通化教會小學

青年學生聲援五四運動

一九一九年五月四日，北京學生三千多人舉行了聲勢浩大的示威遊行，抗議巴黎和會損害中國主權的決議，一場前所未有的反帝反封建運動很快在全國各大城市掀起。

通化教育界率先響應五四運動的愛國壯舉。各學校學生開始罷課，數百名學生組成遊行隊伍，在城區主要街道高喊「反對巴黎和約」「還我青島」「懲辦賣國賊」等口號進行遊行示威，

▲ 五四運動中散發的部分傳單

各界群眾紛紛加入，遊行隊伍達到一千二百餘人。在縣衙門前，學生代表高聲宣讀請願書，聲明要派代表赴京支援學生運動。縣長接受請願，同意學生代表團進京參加學生運動。通化中學還向全國各大城市老師和學生致電，聲援他們的愛國行動。上海復旦大學收到了一封來自通化中學的聲援電報。他們在回信中寫道：「驟然而又最早的從通化來電，響應運動，真不知道是從哪裡來的，翻閱地圖才在長白山腳下找到了，令人不置信的是你們那裡竟有了中學，立縣剛有三十年的短促時間裡，發展新學制竟如此之快，可以看到，我們民族的偉大，祖國未來的興盛，是可以拭目以待的！同學們努力吧！等待明年你們來上海升學的時候見面吧！」以通化學生為主體的聲援五四愛國運動，喚起了民眾的覺醒，成為馬克思主義和共產主義思想漸入通化的發端。

一九二五年，英、日帝國主義侵略者在上海製造了震驚中外的「五卅」慘案。消息傳到通化，再次掀起了通化人民的反帝鬥爭浪潮，中小學數百學生走上街頭，社會各界成立了「滬案後援會」，掀起抵制日貨運動。

聲援活動很快傳到周邊各縣和鄉鎮。六月十五日，柳河縣中共黨員甄紹泉和進步老師馬向奎（又名馬韻秋）祕密召開學生代表會議，成立指揮部。六月

十六日組織學生開展遊行示威活動，向縣長陳耀先提出兩項請願要求：一是拍電響應上海及全國工人運動的號召，並進行捐款；二是要求帝國主義（日、英）賠償我們的損失。在他們的影響下，三源浦、孤山子、五道溝等地也先後舉行了示威遊行。聲援活動持續了七天，陳耀先迫於壓力不得不表示支持廣大師生的愛國行為，答應把學生的請願要求向上級報告。

通化的反帝愛國運動，聲勢浩大，影響深遠，激發了廣大民眾的政治覺悟和愛國熱情，為黨組織在通化地區的建立奠定了堅實的基礎。

長白山區第一所師範學校誕生

　　一九二九年，在長白山下、渾江之畔的山城通化，遼寧省立（通化）第六師範學校正式成立，這就是吉林省東南部最高學府通化師範學院的前身。

　　剛成立的學校歸省管轄。由省份配的大專畢業生擔任教學工作。學校招收初中畢業生，學制三年，每年招生五十名，有教職員十餘人。一九三八年，偽滿洲國將其改為通化師道學校，校址於一九四〇年遷到市區西山，分本科和特修科。本科招收國民高等學校畢業生，學制三年，每年招生五十名；特修科招收國民優級學校畢業生，學制兩年，每年招生八十名。校長由日本人擔任，教職員工由省份配的大專畢業生和日本人組成。一九四六年到一九四七年，正值解放戰爭時期，校舍被破壞，教職員各奔他鄉，學校停止招生。一九四八年通化解放後，附屬於通化中學，設立師範部，招收具有高小文化程度的學生。

▲ 1981年通化師範學院政治系首屆畢業生留影

▲ 通化師道學校外貌

▲ 1970年通化地區師範學校校門

一九五〇年，在原師道學校舊址重建校舍，六月十三日正式成立遼寧省立通化師範學校，招收高小畢業生，學制三年，當年招生五百人。由於抗美援朝戰爭的需要，校舍被軍隊占用，學校於秋天遷到撫松縣，一九五二年春又遷回通化市。因校舍仍被占用，為此分散上課，暑假後才又回到原校舍上課。一九五四年，改為吉林省通化師範學校，歸省、地管轄。次年，開始招收初中畢業生，學制三年。教職員三十餘人，大部分具有大學本科和專科水平。一九五七年，校址又遷到地區農校位置。一九五八年秋，學校分家，分別成立通化師範專科學校和通化師範學校。一九七八年十二月二十八日，經國家教育部批准，通化師範專科學校升格為本科院校，更名為通化師範學院。通化師範學校則發展成為通化幼兒藝術學校，二〇〇〇年與其他幾所學校合併組建為通化師範學院分院。

走過八十五載風雨，歷經七次變遷，通化師範學院在歲月的洗禮中，已發展成為吉林省東南部環境優美、師資雄厚、學科齊全的唯一高等學府。如今，

▲ 1988年通化師範學院校門

▲ 通化師範學院教學樓現貌

學院占地五十九萬平方米，校園風景秀麗，群山環抱，形成了以長白山的自然、粗獷為主基調，以長白山植物為主要景點的長白山園林式校園。擁有十六個學院，兩個教研部，一個成人教育學院和十七個科研機構。圖書館藏書一百五十三萬冊，中外期刊九千六百餘種。擁有四十四個本科專業和七個專科（高職）專業，涵蓋法學、教育學、文學、歷史學、理學、工學、醫學、管理學、藝術學九個學科門類。擁有一支高水平的師資隊伍和一批學術精良的專家學

▲ 通化師範學院教學樓現貌

者，教職工達七百零四人，專任教師五百三十六人。其中具有高級專業技術職稱人員二百四十三人，具有博士、碩士學位教師四百八十七人。在校生近一萬兩千人。

學院還與東北師範大學、長春工業大學、吉林師範大學、北華大學聯合培養碩士研究生，與美國波特蘭州立大學、日本岡山商科大學、韓國木浦大學、朝鮮平壤金哲柱師範大學簽訂合作協議，開展項目交流。常年聘有英、美、日、韓等外國語言教育專家任教。形成了以本科教育為主體，積極發展研究生教育，適度發展高等職業技術教育和成人教育的人才培養體系和多層次、多渠道、多模式的辦學格局。

「游擊電波」響徹長白山區

二十世紀八〇年代初，在哈爾濱召開的東北三省廣播志編修工作研討會上，國家廣電部一位領導說：東北地區的廣播為奪取全國勝利立了大功，像通化的廣播電台，在解放戰爭戰事趨緊的日子裡，數次轉移，頻頻搬遷，在硝煙瀰漫的戰火中堅持廣播，成為我黨設在長白山區的「游擊廣播電台」。

1945年8月15日日本宣布投降之後，在國共兩黨的政權爭奪中，原偽通化放送局被共產黨領導下的人民武裝率先接管，辦起了服務於人民大眾的廣播電台（時稱通化廣播電台），並於當年9月25日開始播音，使這個小小山城的廣播電台，同張家口、哈爾濱、瀋陽、長春等（包括中央台、中央直屬台、省會電台）一樣，成為我黨創辦的第一批地方人民廣播電台。

通化廣播電台開播後，駐守通化的國民黨不甘心喉舌旁落，黨部經常派警特人員偷襲搗亂。為確保安全，當年10月份由原西昌遷至行署附近的原鐵路事務所。1946年6月，因戰事趨緊，為保證戰爭打響時正常廣播，電台派人攜部分設備前往臨江建立了臨江分台，並以臨江新華廣播電台呼號開播。1946年10月30日，在國民黨軍隊瘋狂進攻通化，我軍實施戰略撤退之際，通化廣播電台的全體工作人員在炮火聲中堅持完成了當天最後一次廣播，耳聞著陣陣槍聲，隨蔣亞泉專員為首的第四專員公署工作人員一起，最後一批連夜撤離通化遷往臨江，並利用臨江新華廣播電台的設施繼續廣播。這年冬季，四保臨江戰役打響。為確保電台安全與正常播音，電台奉遼寧分省委之命，將電台人員設備全部遷往朝鮮中江鎮。在中江期間，電台與異國友人聯合，贈送部分設備協助他們辦廣播，並宣傳發生在華夏大地上的人民戰爭，開創了我國地方政府開展國際聯合的先河。

1947年4月四保臨江戰役勝利，電台遷回臨江，並於6月份恢復廣播。1948年元月電台遷往海龍（今梅河口市），5月海龍新華廣播台通化分台再次以通

化新華廣播電台的呼號開始廣播，它的紅色電波始終蕩漾在長白山麓。在整個解放戰爭時期乃至四保臨江等重大戰役中，這座電檯曆經七次搬遷、四次大轉移，成為我國人民廣播史上唯一獲得「游擊廣播」讚譽的電台。

新中國建立之初，通化廣播電台全班人馬相繼分別遷往四平、安東（今丹東）和錦西。具有傳奇色彩的是，時任通化文化館收音站技術人員的胡丕勝，在地方政府的鼓勵下，竟靠自己的鑽研安裝了一台無線發射機。經與東北局文化管理部門協商核准，遂以通化人民廣播電台的呼號接續播音。稍後，吉林人民廣播電台專為通化人民廣播電台調來一台二百瓦的發射機，延續了通化電台的廣播。

在以後的日子裡，這個由當年的「游擊廣播電台」發展而來的通化人民廣播電台臺號自1945年9月迄今，有著多次神奇般的延伸和接續，始終沒有變更和停播，成為神州上空呼號時間最長、堅持廣播最持久的人民廣播電台。

▲ 通化廣播電視臺夜景

東北第一張中共黨報創刊

　　一九四五年九月二十九日，由中國共產黨領導的東北地區的第一張報紙《遼吉日報》（《通化日報》前身）在通化市正式創刊。報紙為四開四版，豎排版式。報頭左側刊發《告讀者》：「從今天我們報紙就拿《遼吉日報》的名字跟諸位見面了，我們要它說人民大眾要說的話，那麼希望諸位時時刻刻對它關心和推動，好讓它真能喊出人民解放的聲音。」

　　該報以「廣泛地宣傳中國共產黨的施政方針和各項政策，宣傳報導民主政權建設，減租減息，揭露國民黨反動派假和談真備戰的陰謀，反對美國干涉中國內政，組織發動群眾反匪防特，發展生產，扶貧救災」為辦報宗旨，適時轉

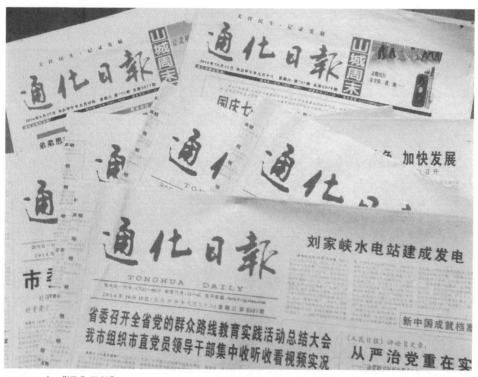

▲ 2014 年《通化日報》

載國內和國際新聞，登載馬克思、恩格斯、列寧、斯大林、毛澤東、朱德等偉人的著作，並發表文學評論、小說、戲劇、散文、詩歌、雜文等。

創刊當天的一版頭條是「遼吉民眾迫切地要求建設新民主主義國家」，副標題：冀熱遼區行署遼吉辦事處第四行政督察專員公署誕生，討論東北人民解放問題，舉辦盛大座談會。《東北青年同盟呼聲》欄目發表了《追求真理擁護正義、促進建國大業繁榮》的文章，以及署名文章《八年抗戰為建民主國家，雖已勝利尚需共同儘力》。

從一九四五年十一月起，報頭改為橫排，版面開始美化。報頭兩邊刊登標語口號：遼東人民自衛軍是遼東人民的子弟兵，保衛人民，幫助人民，是它的責任和義務；在中國共產黨毛澤東的旗幟下，向新民主主義的新中國前進。

一九四五年十月二十四日，中共通化地委成立，同年十一月十五日將《遼吉日報》更名為《通化日報》，成為通化地委機關報，社址在通化市龍泉街。

在整個解放戰爭時期，從《遼吉日報》到《通化日報》，從一九四五年九月二十九日創刊到一九四八年六月七日停刊，經歷了通化地區人民政權的建立、創建長白山根據地和四保臨江的偉大勝利。她作為中國共產黨的地方報紙，向淪陷十四年的通化人民進行了愛國主義和人民當家做主的宣傳教育，宣傳中國共產黨偉大、光榮、正確的歷史，及其領導的人民軍隊的光輝形象，揭露日本帝國主義的殘餘分子及美蔣反動派的醜惡面目，宣傳我軍的節節勝利，在剿滅土匪、保衛通化、推動土地改革、動員和組織通化人民支援解放戰爭等方面都起到了很大作用。在通化的新聞發展歷史上，也占有重要的地位。

東北民主聯軍「四校一團」在通化相繼創立

隨著抗日戰爭結束和我黨政機構的建立，中共中央東北局隨即在通化成立了東北人民自治軍（後改稱東北民主聯軍）後方司令部。按照黨中央部署，我軍先後有四所軍事學校、一個文藝團體創建於通化。這四所學校是東北民主聯軍砲兵學校、軍政大學、航空學校、工兵學校，還創建了今總政歌舞團的前身東北民主聯軍砲兵學校文工團。

延安抗大遷入通化改為「東北民主聯軍軍政大學」。一九四五年十月，抗日軍政大學（簡稱抗大）四千餘人在何長工率領下，從延安出發，橫跨陝、晉、綏、察、熱、遼六個省區，歷經五個月，於一九四六年二月抵達通化，並改為「東北民主聯軍軍政大學」。校長林彪，政治委員彭真，副校長、代校長何長工（兼通化保安司令部司令員、通化省委常委），副政委吳溉之（通化省委書記），教育長陳伯鈞，政治部主任劉型。主要任務為組織幹部下鄉發動群眾，加強地方工作；接收東北知識青年，培養幹部。駐通期間，軍政大學兩個大隊官兵組成工作隊，幫助地方機關、學校開展武裝工作。同時派大批幹部到北滿、東滿、南滿創辦三個步兵分校。後期兼管駐通化的東北民主聯軍砲兵學校、東北民主聯軍航空學校、東北民主聯軍工兵學校和東北民主聯軍步兵學校。四月二十六日，東北民主聯軍占領長春後，軍政大學遷至長春。

延安炮校遷入通化改稱「東北民主聯軍砲兵學校」。一九四五年九月，奉黨中央命令，延安砲兵學校在校長朱瑞率領下，於十二月遷至通化，編入東北人民自治軍序列，改稱「東北人民自治軍砲兵學校」。主要任務是接收各種裝備物資器材，辦學建政。一九四六年一月，改為「東北民主聯軍砲兵學校」。校長朱瑞（兼通化保安司令部第一副司令員、通化省委常委），政委邱創成（通化省委委員），副校長匡欲民，教育長李蔭南，政治部主任劉登瀛。炮校下設訓練部、校務部、政治部。校直設有供給部、衛生部（後調撥通化省

委)、警衛營、汽車隊。全校共分山炮、野炮、高射炮、迫擊炮、戰車五個大隊。炮校從延安出發時未帶一門炮。在通化期間，通過發動群眾，收集零件近萬件，組裝高射炮二十餘門，山炮、榴彈砲上百門。另外，還組裝汽車十餘輛。炮校先後建立三個炮團（其中由南砲兵旅調來一個團），一個高射炮大隊，一個戰車大隊。在平息「二‧三」反革命暴亂事件中，該校有十一人為保衛通化革命政權獻出了生命。

東北民主聯軍航空學校在通化成立。一九四五年十二月上旬，瀋陽航空隊（其主體為原日本空軍林彌一郎，後改名為林保毅加入的抗日部隊飛行大隊）在劉風、蔡雲翔帶領下由瀋陽經遼陽、本溪湖（今遼寧本溪）、宮源（今遼寧本溪平山區境內）遷至通化，駐紮於江南村。一九四六年一月一日，東北民主聯軍航空總隊成立。朱瑞兼任總隊長，吳溉之兼政委，常乾坤、白起（汪偽空軍起義人員）、林彌一郎任副總隊長，黃乃一、顧磊任副政委，蔡雲翔任教育長，白平任政治部主任。航空總隊下設教導隊、民航隊、機務隊、修理廠，共計五百餘人。一九四六年三月一日，航空總隊正式命名為東北民主聯軍航空學校（即東北老航校），部隊代號為「三一」，歸東北民主聯軍總部建制。朱瑞任校長，吳溉之兼任政委，常乾坤、白起任副校長，黃乃一、顧磊任副政委，白平任政治部主任，蔡雲翔任教育長，蔣天然任副教育長，林保毅任校參議兼飛行主任教官，何建生任訓練處長，劉風任學生大隊大隊長。同年五月，航校遷往牡丹江。

東北民主聯軍工兵學校在通化成立。一九四六年三月一日，東北民主聯軍工兵學校在通化成立。工兵學校由延安砲兵學校的一個工兵大隊和山東抗大一分校的一個大隊組成，隸屬東北軍政大學建制。李蔭南任校長（後唐哲民繼任，李蔭南任副校長），余益元任政委，王燕仕任政治部主任。校直機關設校務處、政治部、供給處，下轄第一、第二兩個大隊。學校主要任務是為部隊和地方培養專業技術人員。八月，學校遷往黑龍江省北安市。

民主聯軍炮校文工團在通化成立。砲兵學校遷到通化後，學校在學員中選

拔有藝術才能的人，成立「東北民主聯軍砲兵學校文工團」，即現總政文工團前身，約四十餘人。團址設在新華大街華昌胡同三號，隸屬炮校政治部宣傳科。駐通期間，文工團為「楊靖宇支隊」「李紅光支隊」的命名進行專場演出，還演出了歌劇《白毛女》《血淚仇》，秧歌劇《兄妹開荒》《參軍》《歸隊》，快板劇《老張翻身》和由平定「二‧三」暴亂事件為題材編寫的話劇《保衛通化》等節目，深受群眾歡迎。同年五月，炮校文工團遷往牡丹江。

《長白山》和朝文《長白山》文學雜誌相繼 創刊

二十世紀七〇年代末，隨著黨的十一屆三中全會的勝利召開和科學春天的到來，文學藝術的春風遍吹祖國大地。

一九七九年一月初，通化地區文學藝術工作者聯合會宣告成立，並創辦了通化地區自己的文學刊物《長白山》。一九八〇年三月又在原《長白山》雜誌基礎上擴充試刊了朝文版《長白山》，亦為十六開本，全部為朝鮮族文字印刷。

一九八〇年九月四日，通化地區編制委員會批准《長白山》編輯部定事業編制十名。

▲ 20 世紀 70 年代和 80 年代的《長白山》

▲ 朝文版《長白山》

一九八一年十二月九日，吉林省委宣傳部批覆並同意通化地區文聯出版朝文版《長白山》文學季刊，暫定內部發行。

一九八三年三月，經吉林省委宣傳部批准，朝文版《長白山》在國內公開發行。從第三期起，由遼寧日報社朝文印刷，瀋陽市郵局發行兩萬冊。同年八月二十四日，通化地區編制委員會批覆地區文聯《長白山》編輯部增加五名朝鮮文編輯人員編制，不單設立朝鮮文《長白山》編輯部。

一九八三年，經吉林省委宣傳部批准，《長白山》文學雜誌公開發行。該雜誌原來是重點發表本市作者創作的文學作品、風物風貌、推介及富於文學性的美術作品的文學期刊。一九八五年起改為單一發表愛情、婚姻、家庭、道德題材作品的期刊，逐步產生廣泛影響。一九八七年至一九八八年期間發行量曾一度達十二萬份。

一九八九年全國整頓期刊，吉林省出版局決定《長白山》雜誌改為內部發行，至今歷時三十餘年，一直是通化重要的、影響較大的文學期刊。

國寶松花硯重放異彩

　　清朝中期，清宮不再製硯。因為松花石產地是清王朝龍興之地，長期封禁，從康熙十六年（西元1677年）到光緒四年（西元1878年）長達二百多年的時間裡，松花石一直在封禁中沉睡。

　　一九七七年，吉林省外貿公司經理劉彥德、工藝品科科長杜方然給通化市工藝美術廠傳來一條重要信息：「在廣交會上，從經營硯台的日本精華堂老闆口中得知，長白山偽滿洲國的東邊道有種石材可以製硯，據說還是清代的御用硯。」廠領導聞訊後立即分頭到省、市及周邊市縣檔案館、圖書館查閱歷史資

▲ 工藝美術廠採掘松花石

▲「仙人洞」松花石老坑遺址

料，終於在《吉林通志》中查出了一條線索：「松花石出混同江邊砥石山」，又在《滿洲源流考》查到「混同江產松花玉，色淨綠，細膩溫潤，可中硯材」。廠長張有發凝望著滾滾的渾江，不禁心頭一動：「混同江很可能就是渾江，砥石山很可能就在渾江岸邊。」於是抽出得力人員開始尋找松花石。

最初廠裡組織全體職工沿渾江兩岸採取拉網式尋找，後轉為小分隊式縱深尋找。尋礦小組以張有發為首，成員有生產科科長王同巨和銷售科科長張雲福。自一九七八年春開始，他們就沿渾江岸邊不間斷地尋找，踏遍了溝溝坡坡。一九七九年深秋，張有發和張雲福尋至梅集（梅河口至集安）鐵道線二道江長勝村道口時，發現前面山砬下有位滿頭白髮的老太太，在山洞口焚香跪拜，祈福求安。老人說：「這是仙人洞，洞裡滴下的水是神水，能治百病，老百姓都到這裡來討藥。」他倆靠近洞口，不由得一陣驚喜，原來洞口兩側的岩石紫綠相間，奇美俏麗，層層疊疊，一直延伸到石砬壁上端。取下一塊一掂量，要比平常的石頭沉，質地細膩溫潤，紋如刷絲。他們挑選了兩塊帶回廠裡研究。

次年早春，他倆又開始外出踏查。在通化縣境內的大安鄉尋訪時，一位老牛倌告訴他們：「那邊有個別鴣洞，石頭全是綠色的。」果然，洞裡石頭通體碧綠，溫潤如玉，呈現出條條水波狀的紋理。他們發現「別鴣洞」的石塊與「仙人洞」的石塊有所不同，前者色澤淺綠或深綠，質地純正，溫潤如玉，斷面呈刷絲紋理；後者也細膩溫潤，紋如刷絲，但不是單色澤，而是紫綠相間。

鴨頭畫水濃於染，柏葉貞珉
翠玉寒相映，朱神山色好于
秋長漾硯池，闊是松花江硯次
橫斜韻一首
一九八五年〔啟功〕

▲ 李苦禪先生題詞

▲ 吳作人先生題詞

▲ 啟功先生題詞

▲ 趙樸初先生題詞

這兩個山洞發現的石頭會不會就是用來製作歷史名硯的松花石呢？

張有發經人介紹，帶著兩塊石頭連夜奔北京文物局，找到全國最權威的文物鑑定家付大卣先生。付老確認就是「松花石」，並稱讚他們「這個重要發現為中國硯文化繼承發展打開了一扇門」。根據付老的建議，張有發從故宮博物院要來塊清代松花石殘片，請省地質局比較分析、化驗，驗證結果為：通化市工藝美術廠找到的硯石與故宮博物院珍藏的松花石完全一致。

一九八〇年五月二十五日，「通化市工藝美術廠松花石硯鑑賞會」在北京四川飯店舉行，國家有關部委領導和趙樸初、啟功、舒同、馮其庸、吳作人、李苦禪、魏傳統、蔣兆和、張伯駒、段雲、張仃、肖瓊、付大卣、周而復、肖淑芳、陳叔亮、劉繼卣、愛新覺羅‧溥傑、愛新覺羅‧溥松窗、王遐舉、老舍夫人胡絜青等八十多位金石鑑賞家、書畫名家和作家學者親臨現場。專家們就

▲ 上為吉林省政府贈送給金日成的壽鶴硯（複製品）下為吉林省政府贈送給金正日的「五子觀魚硯」（複製品）

▲ 胡耀邦總書記贈送給日本天皇的雙龍起舞硯（複製品）

松花石硯的發墨、貯水、色澤、敲擊聲等與故宮博物院珍藏的松花石硯一一比較，結果完全相同。老藝術家們感懷國寶重見天日，激情澎湃，情不自禁地題詞賦詩，都留下了珍貴的墨寶。

通化市工藝美術廠在京舉辦松花石硯鑑賞會的消息經《光明日報》《北京日報》等多家媒體報導，讓世人瞭解到，松花石硯這一凋謝近兩個世紀的奇葩重新綻放了。

一九八〇年秋，吉林省外貿公司工藝品科杜方然科長（最先傳遞關於松花石硯信息的人），帶領張有發廠長攜兩百多方松花石硯樣品參加廣州秋季出口商品交易會。所帶去的產品一亮相，立即吸引了日本、韓國、新加坡、港台的客商。香港大象行搶先包攬了所有樣品，日本三越百貨和精華堂當年就訂貨六百多方，而日本東京丸株式會社更是簽訂了十五年的包銷合同。

一九八四年鄧小平八十壽辰時，通化市工藝美術廠設計雕製的「游龍戲珠硯」，由國家民委贈送給深受全國人民愛戴的改革開放總設計師。

一九八七年胡耀邦總書記出訪日本時，工藝美術廠創作的「雙龍起舞硯」作為國禮贈送日本天皇。

一九九二年，朝鮮民主主義人民共和國主席金日成八十壽辰，吉林省政府贈以工藝美術廠雕刻的松花石「壽鶴硯」，同時將該廠雕刻的「五子觀魚硯」贈送金正日。一九九七年，香港回歸祖國，吉林省政府代表全省兩千七百萬人民向香港特別行政區贈送的禮品，就是通化市工藝美術廠設計雕製的重逾兩噸的巨型松花石硯——松花紫荊情繫根硯。

通化製硯人以御硯老坑原產地松花石硯傳人的主人翁責任感，秉承開拓創新自強不息的精神，又創作出了仿宮廷規矩硯、巧用石材隨形硯和旅遊文化紀念硯等，使松花硯文化得到了進一步的傳承與發展。

「滿族剪紙刺繡作品展」在京舉辦

一九八七年二月，通化市群眾藝術館在北京民族文化宮舉辦「長白山滿族剪紙刺繡作品展」，愛新覺羅・溥傑及其夫人、美術家韓美林等百餘名知名人士參加了開幕儀式。這次展覽的藝術感染力和社會影響，可謂譽滿京城。

這次展覽共展出作品兩百多幀（對），其中剪紙作品一百一十六幅，枕頭頂刺繡一百三十餘對，實物枕頭三十餘個。關雅貞、侯玉梅、倪友芝、馬玉梅、叢永麗等大師及民間藝術家都有精品力作參展，且有四位剪紙藝術家進行了現場表演。

整個展廳恰似一座時空橫亙的藝術殿堂。展品中有嬤嬤人兒、窗花，這是滿族剪紙的代表作，粗獷樸實，接近生活，貼近心靈；《布庫里雍順的傳說》以優美的剪紙藝術方式表述了滿族的起源；《黃狗救罕王》《烏鴉救罕王》等剪紙，讓人瞭解了關於清太祖努爾哈赤建基立業的歷史。

滿族祖先奉動物為神靈，所以反映龜、蛙、鵲、鹿、熊、蟒、鷹等動物的剪紙很多，常常作為吉祥物被貼在牆上。傳說烏鴉和黃狗當年都救過努爾哈赤的命，烏鴉和黃狗也就成了剪紙的作者喜愛表現的對象。在長白山區至今尚有許多民間剪紙直接表現薩滿、薩滿祭祀、祭祖等活動，這些剪紙大都形象地反映了滿族習俗，成為滿族文化的珍品。剪紙上的薩滿，頭戴神帽，神帽上飾有神鵲、羽毛或鹿角；手執皮鼓，腰繫神裙和腰鈴。由於祭祀時有說有唱，融舞蹈、音樂、雜技為一體，因此，剪紙造型上人物眾多，動感極強，與背景後的供品、香燭共同營造了十分有趣的故事畫面，生動地記述了宗教活動和場面。

除了上述題材，許多剪紙作品還表現了長白山區的自然風貌、生產習俗、節令習俗、婚喪習俗及民間傳說。如有的剪紙記述了長白山「棒打袍子瓢舀魚，野雞飛進飯鍋裡」的地方風貌；有的則表現「關東三大怪」的主題；《搖車》《老鼠娶親》《放羊》《人參姑娘》等剪紙多體現了滿族山民對懲惡揚善的美好希冀。

首屆「中國吉林人參節」在通化舉辦

一九八八年八月十日至二十日，首屆「中國吉林人參文化節」在通化舉辦。人參節旨在進一步擴大和宣傳通化人參，深度開發人參產品，更好地發揮人參特產的優勢，並以此為契機，全面介紹通化的名優特新產品。國家機關的領導、各省市自治區的領導、外國來賓、港澳同胞、企業界人士及新聞記者共計四千一百多人光臨開幕式。

人參節期間，本著「以參會友、以節通商、敞開大門、廣交朋友」的宗旨，舉行了隆重的慶祝活動（包括慶祝大會、酒會和焰火晚會）；舉行了經濟信息發布會，公布了通化市對外聯合與協作的各項優惠政策；舉辦了以人參系列產品為主，包括全市七百多個廠家三千多種產品的各類地方工業產品展銷會，組織廣泛的商品貿易洽談活動。與此同時，以發展經濟貿易為中心，進行了人才、資金、物資、技術、信息、文化交流和參觀活動。

為迎接首屆中國吉林人參節，一九八八年初由通化市廣播電視局發起，中國音樂家協會吉林分會、中國作家協會吉林分會、通化市文聯、通化人民廣播電台、通化電視台聯合組織了「中國吉林人參杯」徵歌評獎活動。包括著名詞曲作家傅晶、金鳳浩、高鴻亮、尚德義、劉世賢、宋斌廷等在內的全國八個省市自治區五百餘名作者踴躍應徵，來稿近三百首，從中評選出三十五首獲獎作品編入《人參之歌》（韓玉成編）一書出版。時任中國音樂家協會主席、著名音樂家李煥之為《人參之歌》題寫了書名。中國電影樂團著名指揮家、作曲家趙寶昌親任指揮，與歌唱家閻維文、毛阿敏、姜嘉鏘、熊卿才、江山、王喜梅、孫毅、胡曉晴、劉春梅等一起合作演唱錄音、錄像，在人參節期間播放。

人參節取得了令人欣喜的成果，共達成各種經濟協議一千一百六十四項，其中意向性協議三十八項，經濟活動總成交額七萬九千三百七十三點二萬元。這些使包括通化人參在內的吉林人參聲譽大增，使人參以及通化市各類名優特新產品在國內外進一步拓寬了流通渠道，打開了市場，搭起了對外開放的橋樑，締結了友誼的紐帶，促進了全市資源開發和經濟的大發展、快發展。

王八脖子遺址被評為全國十大考古新發現

二〇〇〇年六月，王八脖子（萬發撥子）遺址的考古發掘，被國家文物局列為一九九九年度全國十大考古新發現之一。

王八脖子遺址位於通化市南郊金廠鎮躍進村北側的山岡上，發現於二十世紀五〇年代，一九六一年由吉林省人民政府公布為第一批省級文物保護單位，二〇〇一年被列為全國重點文物保護單位。

該遺址是吉林省東南部鴨綠江中上游地區最具代表性的歷史文化遺存之一。遺址的年代跨度較長，從新石器時代直至明代晚期，經歷了商周、春秋戰國、兩漢、魏晉（高句麗）、渤海、遼金以及明代。一九九七年至一九九九年，吉林省文物考古研究所、通化市文物管理委員會辦公室聯合對該遺址進行了歷時三年的考古發掘。發掘面積為六〇一五平方米，文化層深最深達三點一二米，共分為十三個文化層，這在東北地區特別是長白山地區是極為罕見的。這一地層剖面宛如通化的歷史年輪，見證著通化人類社會的演進與歷史的滄桑。

經過考古發掘，共發現房址二十二座、灰坑一百六十個、灰溝九條、墓葬五十六座、環山圍溝一條、埋藏坑一處。出土文物六千九百四十二件。根據時代的不同，將遺址分期劃分為：新石器時代中晚期、先高句麗時期、高句麗早期土著、高句麗中晚期、滿族先世等五種文化性質的遺存。發現的重要遺跡有新石器時代房址、商周時期埋藏坑、春秋戰國時期的叢葬墓、母子合葬墓、戰國至西漢時期的大石蓋墓、石槨石棺墓、大石蓋積石墓、高句麗時期的階壇積石墓、魏晉時期火坑房址等。

特別值得提及的，一是在商周時期埋藏坑中，出土一件西周早期袋足鬲，在三期文化下層還集中出土了二十餘件卜骨。這些都是典型的中原文化遺物，屬殷商文化遺存，說明早在西周時期，中原文化就已進入通化。據文獻記載，

周滅商後，商朝舊臣箕子率五千族人東遷，並在東北建立了箕子朝鮮。另據考古資料顯示，遼寧省喀左北洞村二號坑曾出土一件帶有「其侯亞疑」銘文的晚商方鼎，證明箕子朝鮮的確在遼西一帶活動過。而王八脖子遺址出土的殷商文化遺物表明箕氏族群已達此地。二是春秋戰國時期的叢葬墓M21，位於遺址東側。墓葬為土坑墓，墓壙東西長十六點七米，南北寬二點四五米，其內共葬有三十五具屍體，並依次排列。位於正中略偏東處為一成年女性，兩臂佩戴十四個磨製精細的蚌環，從排列位置以及佩戴的飾物看，應是一位地位顯赫的貴婦人。其餘死者隨葬品包括石器、陶器之類的生活用具和生產工具。該墓葬作為叢葬墓葬有如此多的死者，這在東北地區是極為罕見的。三是母子合葬墓。該墓葬位於遺址西部圓丘山頭的東側，為土坑豎穴墓，墓向朝南。墓壙內葬有一位成年女性和一嬰兒。墓主人的姿態較為特殊，口中咬著一根雞骨，露出齒外部分約二釐米，雙手放置在腹部成交叉狀，其右手握一件陶紡輪。兩腿呈交叉狀，右腿搭在左腿之上。足下隨葬一把石刀。嬰兒位於墓主人的右側，並隨葬一精美的玉環。該玉環與清代女子佩戴的翡翠耳環非常接近。可見春秋戰國時期的治玉水平已相當不凡。該遺址的考古發現對鴨綠江、渾江流域的歷史與考古學文化研究有著重要的價值和意義。

▲ 挖掘和保護中的王八脖子遺址

高句麗王城、王陵及貴族墓葬列入世界遺產名錄

　　二〇〇四年七月一日，集安市的「中國高句麗王城、王陵及貴族墓葬」項目被正式列入世界遺產名錄，其依據為：一是古王陵裡的壁畫是人類藝術創造方面的傑作；二是體現了中國文化對高句麗的影響以及碑文展示的令人讚歎的建築技巧；三是特別體現了已經消失了的高句麗文明；四是代表了都城體系建構；五是代表人類創造與大自然完美的結合。

　　高句麗政權始於漢元帝建昭二年（西元前37年），止於唐總章元年（西元668年），曾是中國東北地區影響較大的少數民族政權之一，在東北亞歷史發

▲ 國內城西城牆

▲ 西大墓　　　　　　　　　　▲ 禹山992號墓

展過程中產生過重要作用。漢元帝建昭二年扶餘國王子鄒牟（又名朱明）為躲避扶餘主的加害，率領一支扶餘人南逃至卒本川（今遼寧桓仁五女山），與當地人一起建立了高句麗政權。高句麗在歷史上持續了七○五年，最強盛時期勢力範圍包括現吉林省通化市東部、遼寧省東北部和朝鮮半島的北部。

▲ 出土的太王陵銘文磚

集安市的國內城和丸都山城是高句麗政權使用時間最長的都城，因此這裡保存下來的高句麗遺跡非常豐富，其中最著名的有「好太王碑」「將軍墳」和壁畫墓等。

二○○三年，通化市向聯合國教科文組織世界文化遺產委員會正式提出了申報世界文化遺產的請求。二○○四年六月二十八日，第二十八屆世界遺產委員會議在中國蘇州舉行。七月一日，會議將「高句麗王城、王陵和貴族墓葬」列入世界遺產名錄。

▲ 將軍墳

通化長白山碑苑建成

在玉皇山一隅有座古韻悠長、情致怡然的碑苑——通化長白山碑苑。整座碑苑為仿古建築，飛簷翹角，依山勢而建。苑內收藏展示了二百零四塊黑色大理石碑，分別刻有黨和國家領導人以及國內外多位書法名家歌頌長白山的詩句，碑石顯露古樸神韻。

通化長白山碑苑始建於二〇〇四年八月，二〇〇五年十二月二十六日建成並投入使用。碑苑占地總面積二點五八萬平方米，小巧而富有情趣。苑內，沿四周院牆建有一條約二三〇多米長的迴廊，雕梁畫棟，廊頂繪有長白山一年四季的風光及風俗傳說。在迴廊的牆壁上，共鑲有二百零四塊碑刻，一字排開，

▲ 通化長白山碑苑一角

▲ 鄧小平為長白山題字

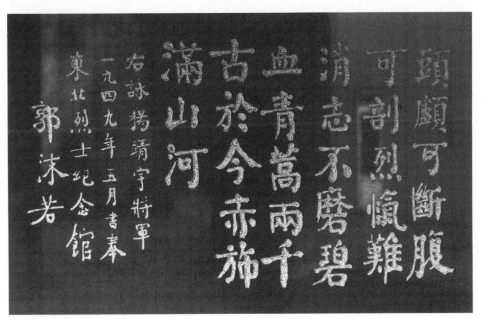

▲ 郭沫若為楊靖宇將軍題詞

▲ 愛新覺羅‧溥傑為通化松花（硯）石題詞　　　▲ 方毅祝賀通化市召開首屆吉林人參節題詞

由二百零四位現、當代書法名家的書法作品拓刻而成。按內容分為「領導人詩詞題詞」「外省市書法家名家作品」「吉林省書法名家作品」「通化市書法家作品」和「港澳台及海外華人書法家作品」五個部分，都是歌頌長白山區域特別是通化地區的名山、名水、名人、名事、名物的。這些作品可謂名家薈萃，流派紛呈，既有黨和國家領導人來通化的親筆題詞，如鄧小平題寫的「長白山」、江澤民題寫的「開發山區資源，繁榮通化經濟」；也有啟功、范曾等當代書法大家的作品，如啟功為滿族剪紙題寫的「長白山，毓奇秀，人物精能心剔透。工剪紙，善刺繡，不謝之花世同壽」，范曾的「天地菁英，長白瑰寶」。

同時還有中國書法家協會十三位主席團成員、當代青年書法家等眾多書法家的作品。

不同字體和風格的書法拓刻在黑色大理石碑上，鏤金鏗玉，鏤字銘文，讓人感覺妙筆生花直逼漢魏，曠世奇文不讓先賢，真草隸篆，盡顯風流。由於整座碑苑依山勢而建，因此迴廊也順山勢而上，遊人一邊賞碑，一邊沿錯落有致的台階上山，別有情致。

此外，碑苑內還迎門而立一塊巨石。據說這塊巨石有上億年之久，上書「北國風光」四個雄壯大字。在碑苑中心有一座二層仿古樓建築，為書畫館，用於平時的書法研究創作和講座。

為把碑苑建設成一座涵蓋國內外一流書法家作品和具有相當高的文化含量的場所，通化市廣泛徵集國內外名家作品，收集了全國大部分省份書協主席的墨寶，包括港澳台地區以及新加坡、韓國、巴西等國家和地區華人書法家的作品。

隆重舉辦楊靖宇將軍誕辰一百週年紀念活動

二〇〇五年二月二十八日上午，通化市靖宇陵園內，百面紅旗迎風招展，常青的松柏、鮮豔的菊花圍繞在楊靖宇將軍塑像的四周，襯托出他威武豪邁的勃勃英姿。塑像前面的鮮花組成阿拉伯數字「100」，象徵著楊靖宇將軍誕辰一百週年。來自社會各界的代表在這裡集會，隆重紀念楊靖宇將軍誕辰一百週年，並參加書畫展開展儀式。

二〇〇五年二月十三日是楊靖宇將軍誕辰一百週年，二月二十三日是他壯烈殉國六十五週年紀念日。為了弘揚靖宇精神，吉林省委、省政府、吉林省軍區組織並委託通化市承辦這次紀念活動。來自中央國家機關、解放軍總部和瀋陽軍區的有關領導以及專家學者、抗聯老戰士、楊靖宇將軍家屬、解放軍官兵、學生等社會各界人士五千餘人參加了這次集會。他們冒著凜冽的寒風，以無比懷念和崇敬的心情佇立在楊靖宇將軍的靈堂前，重溫楊靖宇將軍的革命風采和輝煌業績。

紀念活動中，與會者向楊靖宇靈堂敬獻了花圈，參觀了楊靖宇生平業績展。楊靖宇將軍的孫子馬繼民說：「作為楊靖宇將軍的後代，我們從小到大都親身感受到全國人民對爺爺的崇敬和熱愛之情。我們一定要繼承爺爺的遺志，完成爺爺未完成的事業，在各自的工作崗位上努力工作，全心全意為人民服務，為社會主義現代化建設貢獻力量，做無愧於爺爺的好後代。」

與會人員參觀了由通化市委、市政府和北京中華之魂社會公益宣傳活動組委會共同舉辦的「中華之魂——紀念楊靖宇將軍誕辰一百週年書畫展」。書畫展彙集了原黨和國家領導人鄒家華、遲浩田、王文元的題詞，共和國老將軍、國家有關部委老領導、省內外著名書法家及通化市各界人士的作品二百二十五幅。其中，共和國老將軍作品八十六幅，國家有關部委老領導和書畫家作品三十九幅，通化市書畫作品一百幅。這批書畫作品展出後，全部贈送給楊靖宇陵園收藏。

大型革命歷史報告劇《長白英魂》晉京展演

二〇〇五年八月五日，大型革命歷史報告劇《長白英魂》代表吉林省在北京民族文化宮大劇院參加了國家文化部組織的展演活動。

《長白英魂》是通化市委、市政府為紀念楊靖宇將軍誕辰一百週年和紀念中國人民抗日戰爭暨世界反法西斯戰爭勝利六十週年而精心打造的一部大型舞台劇目。由通化市藝術創作研究室主任鄭青山創作，通化市歌舞劇院排演，參演人數一百三十餘人，在全市巡迴演出八十餘場，觀演群眾達七萬餘人次。該劇被推薦為吉林省唯一舞台劇目晉京參加展演。參加這次展演活動的劇院團全國共有三十個，其中國家直屬院團十四個、省級院團十三個、地區級院團僅有三個，通化市是其中之一。這次進京展演是通化市有史以來第一次組團代表通

▲ 大型革命歷史報告劇《長白英魂》晉京展演

▲《長白英魂》光碟

化市、代表吉林省晉京展演，是通化文化發展史、特別是舞台藝術發展史上的重要里程碑，是通化市打造「文化通化」濃墨重彩的一筆。後來，此劇又被吉林省委宣傳部邀請到長春東方大劇院在全省「黨員先進性教育總結大會」上隆重上演，再次引起轟動。

《長白英魂》獲吉林省新劇目評比十一項大獎，獲吉林省「五個一工程」獎，進入了《中國戲劇年鑑》。

「長白山風韻」──通化書畫家作品晉京展

二〇〇八年六月九日至十一日，通化市在北京榮寶齋隆重舉辦「長白山風韻」──通化書畫家「迎奧運」晉京展。

這次展覽由通化市委宣傳部、文化新聞出版局、文聯主辦，由通化市書畫院、書法家協會、美術家協會和北京榮寶齋聯合承辦，市有關領導以及四十三位作者參加了這次活動。文化部原部長、全國政協科教文體委原主任劉忠德，中國文聯副主席、著名畫家馮遠，中國美協藝委會秘書長孫克，中國書法家協會理事、中國書法家協會辦公室主任、著名書法家吳震啟，中國美協會員、著名中國山水畫家孫文鐸等五十多位知名人士和藝術家出席了開幕式。

此次活動是為了慶祝二〇〇八年北京奧運會即將召開而精心籌備的，共展

▲ 參加活動人員合影留念

覽書畫作品一百一十三幅。展覽同時還舉辦了義賣活動，五十多位書畫藝術家現場潑墨揮毫，大展技藝。書畫家們的創作心靜志遠，厚積薄發，風格迥異，擺脫了一味追求展覽形式的束縛。作品中有秀美、有典雅、有精緻、有奔放，於經意不經意間，其妙存乎於心。義賣所得善款全部捐給了四川地震災區。展出的書畫作品，集中體現了通化書畫藝術創作的整體風貌。

書畫展的成功舉辦，對於弘揚中華民族優秀傳統文化，加強與首都書畫藝術家和書畫愛好者的交流與合作，進一步提高通化市書畫藝術的整體水平，展示通化良好形象，促進通化市文化藝術的繁榮與發展，起到了積極的促進作用。此次活動震動了京城書畫界，在全國範圍內也引起極大反響。《中國書畫報》《國際商報》《中國文藝報》《吉林日報》《通化日報》等全面報導了此次活動，並專版刊登了部分作者的作品。「中國書法網」對這次活動的點擊評論達五萬多人次。

▲ 書畫家零距離交流

「中國書法之鄉」和「蘭亭小學」兩項桂冠花落通化

二○一○年五月二十四日，「中國書法之鄉」授牌儀式在柳河縣影視藝術中心舉行。來自國家、省、市及全國各地書法家協會領導，柳河縣機關幹部和學生代表九百餘人參加了授牌儀式。這是全省首個「中國書法之鄉」榮譽花落柳河，對進一步豐富全市地域文化的內涵，推動文化事業的繁榮，促進書法事業發展具有重要意義。多年來，柳河縣站在傳承文化、豐富內涵、提升品位、凝聚精神的高度，一直以建設「中國書法之鄉」活動為載體，努力打造柳河文化品牌，促進文化事業繁榮和文化產業發展。先後組建了十五個書協分會、二十五個書法教育基地、一百六十六個書法中心戶，形成了老、中、青、少齊行

▲ 柳河縣申創中國書法之鄉啟動儀式

▲ 柳河縣書法基地一角

動，縣、鄉、村、屯共參與的書法網絡體系。自一九九三年起，全縣已有一百
五十多人次入展國際、國內書法大展、大賽，一度被譽為「柳河書法現象」。
全縣擁有中國書法家協會會員七名、省書法家協會會員三十八名、市縣書法家
協會會員二百四十名。

▲ 中國書法家協會為集安市「蘭亭小學」授牌

▲ 中國書法家協會為集安市「中國書法之鄉」
授牌

▲ 集安市謀劃推進「蘭亭小學」建設

二〇一三年八月二十四日上午，由中國書法家協會、吉林省書法家協會主辦的柳河縣「蘭亭小學」授牌儀式在柳河縣實驗小學舉行。這是時隔三年之後，柳河再獲殊榮。柳河縣實驗小學充分發揮二十餘年的書法教育積澱，積極開展書法課程設置、書法教材編寫、書法基礎設施建設、書法育人研究、書法普及活動等，真正實現了以課內帶課外，以普及帶提高，以學生帶家庭，以學校帶社會的目的。把「從小寫好中國字，長大做好中國人」寫入

▲ 于湜之的書法作品

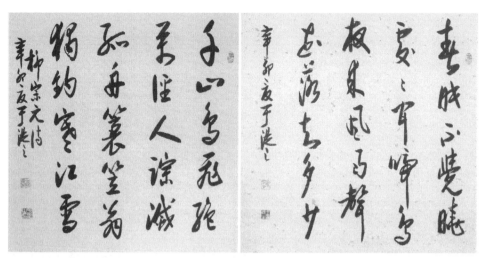

了學生思想深處，真正體現了中國書協創辦「蘭亭小學」的宗旨，書法藝術之花在柳河大地處處燦爛綻放。

　　二○一三年八月二十五日，中國書法家協會在集安市舉行「中國書法之鄉暨蘭亭小學」授牌儀式。集安獲此殊榮，緣於他們積極實施「文化興市」「文化塑市」的發展戰略，大力加強文化建設，尤其是堅持抓好書法活動交流、開展書法作品創作、培養書法後備人才，促進了書法隊伍建設、書法教育體系健康健全發展，書法事業和水平得到快速提高。

吉林省首屆松花石產業發展研討會在通化召開

　　二〇一〇年十二月二十二日至二十三日，由中共吉林省委宣傳部、吉林省文化廳、吉林省國土資源廳主辦，中共通化市委、通化市人民政府承辦的「吉林省首屆松花石產業發展研討會」在通化市召開。省直有關部門領導，全省九個市（州）的宣傳部長，吉林省人民政府公布的「松花石和松花硯地理標誌產品保護範圍」有關的縣（市、區）政府主管領導以及國內部分石、硯專家共計一百三十多人參加會議。

　　與會專家學者圍繞松花石產品的文化傳承與產業發展、松花石產業的品牌塑造、松花石資源的保護與合理開發、松花硯雕刻工藝傳承與創新、松花石產品的市場營銷、松花石產業發展的扶持政策及產品「走出去」戰略模式、松花石產品與旅遊市場的融合發展、松花石產業人才的培養以及行業協會在發展松花石產業中的作用等課題分別進行了研討和學術交流。會議期間，舉行了通化關東文化產品交易市場——「吉林省文化產業示範園區」授牌儀式，通化市工藝美術廠——「吉林省松花石硯設計和雕刻人才培訓基地」揭牌儀式。還舉辦了松花石（硯）鑑賞知識講座，普及傳播松花石文化。

　　通過這次松花石產業發展研討會，對塑造通化市乃至吉林省松花石產品形象，做大做強松花石產業，打造吉林省文化產業品牌，都起到積極的推動和促進作用，進一步引導松花石產業向更高層次、更廣闊的天地健康有序發展。

▲ 通化關東文化產品交易市場被省政府評為「吉林省文化產業示範園區」

舉辦中國・通化松花硯（石）文化節

　　二○一一年六月二十六日至七月九日，中國・通化松花硯（石）文化節在通化舉辦。中國地質委員會、中國文房四寶協會、中國觀賞石協會等國家級協會領導及代表，中國工藝美術學會民間工藝美術專業委員會的二十六位專家及一百多位代表，省委、省政府及有關部門的領導出席了開幕式。新華社、中央電視台、中央人民廣播電台、人民日報等四十多家主流媒體記者參與全程報導。

　　文化節期間，舉辦了松花石產品設計和雕刻技藝大賽，共有一百二十七戶企業和業戶向大賽組委會提交了二百九十件作品參賽。大賽共有九十三人獲獎，其中金獎十一名。舉辦了松花石產品展示銷售交易會，共設立二百一十一

▲ 群眾歡慶第二屆中國・通化松花硯（石）文化節開幕

▲ 文化節閉幕式文藝演出吸引了上萬群眾觀看

個展位，有一百八十七戶省外企業參展，二十四戶本地企業參展。參展產品包括觀賞石、根雕、字畫、玉器、瓷器、古董、剪紙等三十八個類別，產品種類達五千餘種，參展數量約五十萬件。實現直接交易額約五千萬元，其中松花石交易額達三千多萬元，接待參觀消費者約十萬人次。

與此同時，還先後舉辦了「中國工藝美術協會民間工藝美術專業委員會第二十六屆年會」「中國非物質文化遺產作品展」「松花硯（石）產業論壇」「中國·通化松花石產品展示展銷交易會」「長篇小說《大清國寶松花硯》首發式」「吉林省松花硯設計、雕刻人才基地掛牌儀式」「走進中國松花硯之鄉——通化媒體行活動」等十二項慶祝活動，提升了通化的知名度和美譽度。

集安高句麗碑出土

二〇一二年七月二十九日，集安市麻線鄉麻線村村民馬紹彬在麻線河右岸發現一有字石碑，立即報告集安市文物局。經文物局組織技術人員對石碑進行捶拓，發現有「始祖鄒牟王之創基業」「四時祭祀」「煙戶」等字樣，字體與好太王碑相似，確定該石碑是高句麗時期的。

麻線河發源於老嶺山脈南坡，由北向南，經由麻線溝盆地流入鴨綠江。麻線溝盆地分布有上千座高句麗墓葬，是高句麗墓葬最為集中的區域之一，屬於洞溝古墓群麻線墓區，其中有世界文化遺產千秋墓、西大墓等高句麗王陵。出

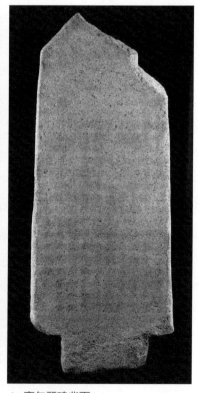

▲ 高句麗碑正面　　　　▲ 高句麗碑背面

土地東南距千秋墓約456米，西南距西大墓約1149米。

　　此碑為整塊花崗岩加工而成，碑體呈扁長方形，上窄下寬，中間有榫頭，原應有碑座。石碑殘高173釐米、寬60.6—66.5釐米、厚12.5—21釐米，重量為464.5千克。正反兩面及左右兩側經過加工，平整規則，右上角有缺損。正面上半部分碑文磨蝕嚴重，下半部分碑文磨蝕較輕。背面整體磨損嚴重，僅在中部發現有一行字，十分模糊，難以辨識。石碑正面陰刻碑文，漢字隸書，共十行，自右而左，豎書，前九行每行為二十二字，最後一行為二十字，原文共二百一十八字，右上部由於殘損而缺失約十字。

　　經專家學者共同研究，現可辨識一百四十字。釋文如下：

1　□□□□世必□天道自承元王始祖鄒牟王之創基也

2　□□□子河伯之孫神□□□□蔭開國闢土繼胤相承

3　□□□□□□煙戶以□河流四時祭祀然□□備長煙

4　□□□□煙□□□□□富足□轉賣□□守墓者以銘

5　□□□□□□□□□□太□□□□□□王神□□與東西

6　□□□□□□□追述先聖功勛彌高悠烈繼古人之慷慨

7　□□□□□□□□自戊□定律教□發令□修復各於

8　□□□□□立碑銘其煙戶頭廿人名□示後世自今以後

9　守墓之民不得□□更相轉賣雖富足之者亦不得其買

10　賣□□違令者後世□嗣□□看其碑文與其罪過

　　上述可識讀的一百四十字，雖然某些語句還不甚聯貫，但基本可以判斷碑文內容大致分為四部分。第一部分內容是：鄒牟王開創高句麗基業，諸王傳承；第二部分內容是：高句麗王陵有一定數量的守墓煙戶「四時祭祀」，但出現買賣煙戶的情況；第三部分內容是：追述先王功勛，修墓立碑，銘刻二十名煙戶頭的名字，以示後世；第四部分內容是：規定不得買賣煙戶和買賣煙戶將

治罪的守墓煙戶制度。

　　背面碑文殘損極為嚴重，僅在中部一行殘存幾處筆畫，未能辨識出文字。

　　集安高句麗碑是繼好太王碑、中原郡高句麗碑之後發現的又一通高句麗文字碑。在目前所發現的高句麗文字資料十分稀少的情況下，集安高句麗碑的出土尤顯珍貴，對於研究高句麗政治、經濟、文化、藝術等方面具有極為重要的價值。表現為：一是集安高句麗碑內容和好太王碑相近，可與好太王碑相互關聯、印證，為高句麗研究提供了可靠的歷史文字證據和新的文字資料；二是集安高句麗碑碑文為漢字隸書，進一步說明了高句麗是將漢字隸書作為其官方書體，在內發布政令、文告，與外連繫、溝通；三是石碑形製為圭形，是東漢以來常用的形制，反映了高句麗與中原在文化上的連繫；四是碑文書體流暢秀麗，適於後人捶拓、摹寫，是研究高句麗文字書法的新的珍貴資料。

第三章 ——

文化名人

文化使一個城市悠久，文人使一個城市厚重。「過眼風雲攜過客，流芳紙墨記流年」。活躍在各領域的文化名人，用自己浪漫的靈魂和對家鄉的無限愛戀，於這藝苑芳華裡，低吟淺唱，若雁陣長鳴，或情凝古道，或擔當道義，或開宗立派，刷新各個時期的精神坐標，為這座城市塗抹了瑰麗的色彩。

清末民初通化縣第一任知事——潘德荃

通化清真寺門樓上有一匾額，書有「清真寺」三字榜書，老辣蒼勁，雄渾大氣，被稱為山城第一匾，此匾正是出自清末民國初年通化縣知事、文墨超群、尊師重教的潘德荃之手。

潘德荃（1869年至1920年），字茂蓀，江蘇省宜興縣人，光緒十年（西元1894年）舉人，曾任上海崇明書院教授、上海《申報》主筆、湖南明德學堂監督。受清廷委派，到廣東、四川、湖南、湖北、河北等地視察學務，到江蘇、安徽放賑救濟災民。因體察民情，辦事公正，清政府欽加知銜花翎、四品頂戴，候補直隸州。後經東三省總督徐世昌奏請，調奉天（今遼寧）省供職。宣統二年（西元1910年）二月，調任通化縣知事。

潘德荃在上任前即告知通化縣地方官員，免除知事到任居民懸燈結綵迎接的舊習，到任不久即改革舊政。鑒於當時積弊甚多，窮困百姓負擔過重，如地方鄉約（地方村長）從地賦中剝削農民，欺詐百姓，濫派工役，中飽私囊；各種行頭，無償無定期地迫使同行給縣衙門服役，行頭從中勒索；百姓遭災，官府去調查還要勘察費……諸如此類弊端均予廢除。

潘德荃到任後，添設小學堂兩處，招生二十八個班三千七百人；取締私塾，訓練塾師，充實師資；將全縣廟產除留用僧道口糧外，一律作為校田，收入作為學校辦公費用。

一九一二年學堂一律改為學校，一九一三年全縣有初等小學校八所，並修建縣立初級中學大樓。辦學經費由鄉村公所籌集和開明紳士捐款、捐地資助。有廟宇的地方利用廟宇做教室，無廟宇的地方動員士紳捐地獻款新建校舍。潘德荃的舉措遭到少數僧道和劣紳的極力反對，紛紛上告。潘德荃絲毫沒有動搖辦學決心，據理力爭，親自下鄉，宣傳「教育是治國之本，無教育啟發不了民智，出不了人才，振興不了通化」的道理，同時通過開明紳士說服守舊派代表

人物。

　　通化地處邊陲，設治開化較晚，民眾生活貧困，適齡兒童大都不願入學。
於是潘德荃下令，對適齡男兒童不願入學者，動用警察，採取強制手段；對逃
學、退學者，採取罰款、動用警察抓回等辦法，強迫入學。為解決招收女學生
困難問題，潘德荃勒令勸學所長李振華限期辦好職業學校，設縫紉、烹飪學
科。同時施行優惠的招生條件，不要學費，免費供午餐，畢業後有職可就。

　　由於中學師資缺乏，尤其是數理化、英語、史地方面的師資，就地選不
到，潘德荃不惜重金從瀋陽請來了裴、潘、史三位教師。第一期初級中學學生
一律官費，免費供食宿、衣服。潘德荃經常到中學視察，親自指導學生學習。
一九二〇年，第一期初中畢業學生有三十五名，半數從事教育工作，為通化縣
培養了不少人才。

　　潘德荃在通化縣從政十年，廉潔奉公，有口皆碑，深受民眾愛戴。因名聲
遠播，奉天省公署秘書袁金鎧褒潘「熱心興學，勤政愛民」。北洋政府先後頒
給金質單鶴獎章、三等嘉禾章和三等文虎章各一枚。在任期間，北洋政府總理
徐世昌曾召潘任政院秘書，河南省長張鳳台召其任省政務廳長，均因通化父老
臥轍攀轅曲意挽留，函電交馳而未就。

　　一九二〇年十二月，在奉令調奉天省署另有任用時，不幸因積勞成疾，一
病不起，溘然長逝，終年五十二歲。在其靈柩南歸宜興時，通化縣男女老幼，
慟哭相送。為感其立下的不朽功績，通化縣各界在縣城西部為其立建「故通化
縣知事潘公茂蓀德政碑」一座。又於一九二八年五月，在縣城玉皇山建「潘公
祠」以志紀念。

山城才子——宮憲斌

宮憲斌（1898年至1978年），原名宮潤章，山東省萊陽縣人。三歲時逢大旱，全家逃荒關東，定居通化城北青溝子村。十歲時入通化縣惠民鄉劉家大院私塾就讀，十七歲入通化縣立第一高等小學堂就讀，作文、政論均佳。後因母親有病，家境窘迫，其父欲令其輟學做工。恩師李曉峰極力勸阻，並向縣知事潘德荃推舉其才華，潘公毅然解囊供他就讀。升入中學後，作文深得李老師和潘公指教。他還多次到九十里外的徐冠堂家請教，打下了深厚的國文基礎。中學畢業後，考入北京大學預科，因潘知事去職，學費斷

▲ 宮憲斌

絕而輟學。回通化後，被母校高級小學聘為國文教員。1924年受聘於通化縣立中學任國文教員，翌年升任校長，請用奉天省教育廳所撥經費整修校舍、圖書館、實驗室、宿舍、飯堂，校容為鄰縣稱羨。

1925年，宮參加首次通化縣志編修工作，任編委，知識才華得以發揮。歷經三年艱辛，將縣志完稿。

東北抗日戰爭開始後，他胸懷救國大志，投筆從戎，參加王鳳閣領導的東北抗日自衛軍，任秘書長。發動學生，募款募糧，宣傳抗日救亡，隨部轉戰通化各地。1932年9月末，日寇在山城鎮一帶集結重兵進攻自衛軍，自衛軍弱不敵強，分散撤退，宮潤章與司令王鳳閣失去連繫。

1933年他到通化中學教國文，借學校舉辦「軍警慰問書法展」之機，授意學生書寫「醉臥沙場君莫笑，古來征戰幾人回」的詩句，受到校方嚴責。後期

▲ 1935年《通化縣志》

在校因與日本人不和而退職歸鄉務農。

　　1935年第二次應聘編修《通化縣志》，一年殺青，次年出版。

　　1936年12月20日，宮潤章在日寇捕殺愛國知識分子的「教育事件」中被日本憲兵隊以「反滿抗日」罪名逮捕，押送瀋陽陸軍監獄。嚴刑之下，拒供與王鳳閣的關係。敵人無奈，於1937年秋判為「刑事要視察人」，刑期十三年零四個月，經保釋回通，長期受日偽警憲監視與傳訊。此間著《虎口餘生錄》（1957年載《中國青年報》）。

　　1938年，經日偽當局批准，宮潤章到偽滿通化省立第一國民高等學校（簡稱國高）教語文。此間選編了《學生作文選》，著有《作文批改概要》和中學語文講義等。1942年秋調臨江國高任教，已逾不惑之年，在憂心忡忡中度日，

通化縣志增修館全體職員合影

曾書七律述懷：「雙丸擲跳百川東，攬鏡自憐兩鬢蓬；往日柔情比潭水，少年豪氣吐長虹。關中霸業思王猛，江左風流拜謝公；一事無成今漸老，唾壺擊缺劍光紅。」

　　1944年秋，宮潤章執教於通化第二國高。翌年祖國光復，結束了監外服刑的亡國奴生活。那時居住在城外水洞村，以種菜謀生。

1947年5月，土地改革運動開始，參加土改工作隊，丈量土地，分田分物，晝夜奔忙。他曾寫道：分土地給農民，使耕者有其田，最為合理，辦法也最為爽當徹底；與資產階級「恩賜」土地的辦法，不可同日而語。

1948年11月10日，易名宮憲斌，被請到通化中學任歷史教員。他講歷史英雄人物與當代革命鬥爭相結合，史實與史論相結合，深入淺出，啟發學生樹立唯物史觀。他歷史、地理、文學知識淵博，新中國成立後，培養的學生滿天下，曾有「通化才子」之稱。

1956年12月，宮憲斌被選為通化市副市長，分管文教、衛生、體育工作。雖年近花甲，仍致力改善教學條件，關注地方戲劇。曾親自為通化市京劇團創編的《大刀會》劇本審改定稿，並現場指導彩排。

1957年出席全國政協擴大會議，列席最高國務會議，聆聽過毛主席的講話和周總理報告。1959年，省裡決定在通化市郊修建標準滑雪場，他掛帥親征，會同冰雪、氣象、工程專家，翻山越嶺，實地勘查。歷時兩年，建成中國第一座標準滑雪場，先後迎來四次全國滑雪大賽，博得專家和運動員的好評。通化市亦因近水樓台而得以興辦體育學校，為國家冰雪運動培養了大批人才。在歷次比賽中，通化市均獲得優異成績。通化市歷史上沒有一處較大的體育運動場所，人民望之若渴。他親自動員機關幹部、學校師生、工礦職工義務獻工，幾度春秋，於1959年眾手建成一座初具規模的兩萬平方米西山體育場，周圍梯式觀台可容納萬名觀眾。曾多次接待省、地區和市體育滑冰運動會，使山城健兒得以大展風采。

宮憲斌任副市長期間，先後被選為政協通化市第一屆委員會常務委員、第二屆委員會副主席、政協吉林省第二屆委員會委員。他辛勤挖掘、整理歷史資料，曾為省、市政協撰寫了十多萬字的文史資料，其中《王鳳閣抗日救亡事略》，對抗日自衛軍的抗日活動做了較全面真實的記述，為研究通化人民革命史提供了寶貴資料。

鐵肩擔道義的文化名士——王堃騁

　　在抗日烽火和解放戰爭的硝煙裡，在新中國成立後的社會主義建設征程上，他一肩擔道義，一肩擔文化，走完了戎馬倥傯、描繪丹青的人生之旅。

　　王堃騁（1912年至1993年），原名王肇祥，曾用名王江風，生於1912年，輯安縣（今集安市）下洋魚頭村人。在中學讀書時，他就參加了反日罷課活動。1930年考入東北軍軍械訓練班，翌年夏參加東北軍。「九一八」事變後，離開東北軍到北平，投入抗日救亡運動，成為共產黨外圍組織「互濟會」的積極追隨者。1932年正式加入「互濟會」，負責北平北區文件和左翼書刊的祕密發行工作。1933年2月，在白色恐怖中加入中國共產黨。他在安葬李大釗遺體行動中，參加送葬隊伍，一邊散發抗日傳單，一邊演講抗日救亡主張。同年五月初，北平黨的地下組織遭到嚴重破壞，他與黨失去連繫。他以護士、教師等身分作掩護，繼續開展抗日救亡工作。1937年8月，他找到八路軍太原辦事處，先後被派到河北省平山縣、陝西省孟縣、陽曲縣、唐縣等地工作，歷任工作團秘書、特委秘書、縣委宣傳部部長、縣委書記等職。1945年10月，被中共中央東北局派到黑龍江北安縣接收偽政權，並被任命為嫩江省黨工委書記，於十一月中旬順利地接收了偽北安縣政權。當時北安剛剛解放，社會秩序十分混亂。他召開縣黨工委會議，決定依靠蘇軍的軍事管制和發揮抗聯幹部作用，發動群眾，建立革命武裝。帶領三人到尚未接收政權的哈爾濱市籌措到三千五百支槍和一部分子彈，為鞏固人民政權和取得剿匪鬥爭勝利做出了貢獻。

　　1950年10月始，王堃騁先後任東北鐵路特派員辦事處辦公室主任、哈爾濱市委常委兼秘書長等職。1951年3月，調任東北大區文委副秘書長。1954年起，先後任遼寧省委宣傳部副部長、文教部長、遼寧省副省長等職。「文化大革命」期間遭到迫害，粉碎「四人幫」後恢復工作。1980年當選為遼寧省人大常委會副主任。1983年任遼寧省政協副主席。王堃騁在文學和書畫方面有較深造詣，曾出版《王堃騁書畫集》。

國家文化部原部長 —— 劉忠德

　　他是通化這塊土地培養起來的優秀文化領軍人物，他把畢生的精力都奉獻給了黨的文化建設事業，通化人民為有這樣的兒子而驕傲和自豪。

　　劉忠德（1933年至2012年），集安市人。一九四八年加入東北民主青年同盟，同年進入中國人民解放軍牡丹江航空學校學習，後轉地方學習。一九五三年東北實驗學校畢業後考入哈爾濱工業大學土木工程系。一九五九年三月後，歷任哈爾濱建築工程學院團委負責人、黨委組織部幹事、黨委秘書。一九六二年九月任南京工學院講師、副教授、教研組主任，教務處副處長、處長，院黨委副書記、書記，中共江蘇省委委員。一九八五年六月任國家教育委員會副主任兼秘書長。一九八八年任國務院副秘書長。一九九〇年六月任中共中央宣傳部副部長。一九九二年九月兼任文化部副部長、黨組副書記，十一月任文化部黨組書記、代理部長兼中宣部副部長。一九九三年三月任文化部部長兼中宣部副部長。一九九八年三月任全國政協教育科學文化衛生體育委員會主任委員，中國人民政治協商會議全國委員會常委（第九屆、第十屆）、教科文衛體委員會主任。中共十三大、十四大、十五大代表，中共第十四屆、第十五屆中央委員。

　　二〇〇四年，與虹霓合著小說《紅色家庭》、二十集電視連續劇《難忘的歲月》，在社會上引起強烈反響。二〇〇五年，為紀念抗日戰爭暨世界反法西斯戰爭勝利六十週年，劉忠德創作了革命歷史題材的歌劇《八女投江》，並在全國各地巡迴演出。二〇〇九年，與吳江合作的京劇《圖蘭朵公主》榮獲第十一屆「文華大獎」。二〇一〇年，他創作了大型原創中國民族歌劇《悲愴的黎明》，在全國各地巡迴演出，並在中央電視台播出，得到廣大觀眾的好評。

新聞界知名人物——閔凡路

他被聘為通化市宣傳總顧問，曾為家鄉的對外宣傳出謀劃策，曾為集安「申遺」奔走呼籲，曾對家鄉經濟建設鼎力支持。他就是在國內外新聞界享有盛譽的閔凡路。

閔凡路（1934年- ），柳河縣人，當代文藝評論家、辭賦家。一九五一年考入通化中學，一九五四年考入哈爾濱外國語學院俄語專業，畢業後到新華社工作。曾獲首屆韜奮新聞獎提名，享受國務院頒發的政府特殊津貼。他現在的社會職務有中國碑賦文化工程院常務副院長、中華辭賦社社長、華夏記者俱樂部常務副會長、《華夏記者網》編委會主任、中國國際影視文化交流協會會長、中華慈善新聞促進工作委員會名譽會長。

一九八〇年，他調離新華社遼寧分社到北京工作，創辦《半月談》雜誌並

▲ 閔凡路（一排左四）與中華辭賦同仁迎接《世界和平賦》飛天歸來

出任總編輯。這是在十一屆三中全會後，緊跟中國改革開放的步伐應運而生的刊物，肩負為黨的基層幹部提供瞭解天下大事、學習黨的方針政策的重任。他把「讀者至上，質量第一」作為辦刊信條。從介紹世界風雲到系列形勢講話，從中國改革進程到市場經濟體制，從工資福利獎金到減輕農民負擔等等，在讀者關心的問題上做文章，終使《半月談》成為讀者的良師益友，也成為「輻射全國，影響一代」的刊物。發行量從創辦之初不足三十萬份，到創刊五週年時達到了五百萬份，之後又達到巔峰期七百二十四萬份，成為亞洲第一刊。

他的理論基礎雄厚，評論領域廣闊，佳作膾炙人口。從擔任《半月談》總編輯到新華社副總編輯的二十年間，就國內政治、經濟、社會以及國際關係的方方面面寫下了多達幾百篇的評論文章。著作有《世界大變動》《中華人民共和國在世界上》《閔凡路評論集》等。從海灣戰爭到蘇聯解體，從奧運盛會到世界商戰，從兩岸風雲到香港回歸，從國門開放到農村變遷，從市場經濟到科教興國，從反腐倡廉到搶險救災……這些評論是對中國改革開放歷史腳步的記錄與評說，是世界舞台風雲巨變的寫照和見證。由於他對國際、國內形勢有深刻的理解和深入的研究，知識積累豐厚，經常應邀出席一些國際研討會議，還應邀在北京、天津、南京等二十多座城市和北京大學、清華大學等高校乃至為中央首長做過數百場時事形勢報告，受到高度讚揚。

他還創辦主編過《新華每日電訊》《華商世界》等記錄時代風雲、反映群眾喜怒哀樂、與社會脈搏一起跳動、影響作用巨大的刊物。一九八八年退休後，任新華社音像新聞編輯部顧問、電視專題節目《世界風雲》總策劃、《60分鐘雜誌》總編輯。主持策劃的大型音像電視節目有《百年百事》《思想解放史錄》《大使》《石油風雲錄》等。在新華社工作的半個世紀中，他見證了新華社事業的曲折與發展，品嚐過奮鬥的艱辛和成功的歡樂，把青春、熱血、智慧和他的生命與新華社的名字，密不可分地連在一起。

自二〇〇八年創辦《中華辭賦》以來，先後寫下《樂天賦》《勵學賦》《智翁賦》《華爾街神話祭》《討索馬里海盜檄》《九十春秋賦》等二十多篇辭賦並

公開發表，被多家媒體轉載。二〇一三年四月，他應汶川縣委、縣政府之邀撰寫的《汶川浴火重生賦》已刻碑立在映秀東邨，供人們欣賞，讓後人銘記。同年，他寫的《世界和平賦》被選送到神舟十號飛船上，在太空遨遊十五天，向世界宣示中國人民的和平意願。這即是他人生暮年精彩的一筆，也是在撼天動地的飛天交響中一個悅耳的音符。

社會科學家、教育家——劉中樹

　　他走過的歲月曆程中，曾在偽滿統治下仍然閱讀著中國的國學；離開家鄉，走進了解放戰爭的革命隊伍；與志同道合的朋友們一起讀書辦刊做學問；走進大學，開啟他一生的學者之路；沉醉馬列、心儀魯迅、潛心學問、辛勤執教五十餘載。

　　劉中樹（1935年-　），集安人，現為吉林大學哲學社會科學資深教授、中國現當代文學專業博士生導師、教育部社會科學委員會委員、國家社科基金評審委員、教育部人文社會科學研究專家諮詢委員會委員、中國作家協會會員、全國毛澤東文藝思想研究會會長、中國現代文學研究會名譽理事、中國世界華文文學學會顧問、中國魯迅研究會顧問、吉林省文學學會會長、國際東亞漢學學會名譽會長等。被東北師範大學、暨南大學等多所高校聘為兼職教授，還被

▲ 劉中樹

日本創價大學、烏克蘭基輔大學授予名譽博士學位。

　　作為著名的中國現當代文學史家、魯迅研究專家，劉中樹在魯迅研究、二十世紀中國文學、五四文學與中外文化關係研究、毛澤東文藝思想研究、東北亞區域文化研究等領域多有創見，取得了令學界矚目的成就。出版了《魯迅的文學觀》《五四文學革命運動史論》《〈吶喊〉〈徬徨〉藝術論》等學術專著五部，本科生教材四部；主編《魯迅與中外文化》《世界文化中的魯迅》等學術論著十二部；在《中國社會科學》《文學評論》等刊物發表論文百餘篇，受到了國內外同行專家學者廣泛讚譽。多次獲得教育部高校人文社會科學優秀成果獎、教育部高校出版社優秀學術專著獎、吉林省社會科學優秀成果獎等，並多次主持國家哲學社會科學基金項目和教育部各類項目。獲國務院政府特殊津貼、寶鋼優秀教師獎、吉林省社會科學界聯合會成立四十週年學術成就獎、全國重視老齡工作功勛獎等獎項，被中國校友會網大學評價課題組評選為「中國傑出社會科學家」。

　　五十多年來，劉中樹一直勤勤懇懇地工作在教學、科研的第一線，對吉林大學中文學科的建設和發展，發揮了無可替代的作用。在他的努力和影響下，吉林大學中國語言文學專業已成為中國東北地區人才培養的重要基地。劉中樹始終堅持以質樸、謙和的態度慧眼識才，精心育才，甘為人梯，為培養青年學者付出了極大的心血。即使從領導崗位上退下來之後，他仍筆耕不輟，一如既往地關心、扶持年輕學子們，為他們的成長和發展殫精竭慮。劉中樹作為著名學者、教育家，以其高尚的人格、坦蕩的胸襟、厚重的學術功底、開闊的學術視野、勤奮嚴謹的治學態度、卓越的學術成就，深受廣大師生的愛戴和崇敬。

　　「為民為國為黨，立功立言立德」，這是他親書的十二個大字，是他的座右銘，也是他辛勤執教五十餘載的真實寫照。

為偉人拍照的攝影名家 ── 呂相友

在二十世紀五〇年代到八〇年代末的三十年間，他肩負著《人民日報》和中國新聞社賦予的使命和重託，經常出入中南海、人民大會堂、天安門城樓和首都機場等重要場所，執行著為黨和國家領導人的國事活動攝影的政治任務。當年的一瞬間，被他用相機化為歷史的永恆，構成了時代的畫卷、珍貴的文獻。他就是呂相友。

呂相友（1928年至2007年），柳河縣人，高級攝影師，曾任中國人民解放軍某部隨軍攝影記者，人民日報社攝影記者、攝影組長，中國新聞社攝影記者、攝影部主任、編委。更重要的是他曾經為毛澤東、鄧小平等國家領導人擔任過多年專門攝影師。

一九四七年，解放全中國的隆隆炮聲召喚著這個十九歲的青年走進了中國人民解放軍第四野戰軍的行列，不久上級把他調到東北日報社「攝影速成訓練班」學習。在那裡，他有幸得到著名攝影師鄭景康的教誨，為他從事專業攝影打下了堅實基礎。作為隨軍記者，他參加了遼瀋、平津兩大戰役的戰地攝影，用鏡頭記錄瞭解放戰爭現場實況。一九五〇年九月，他隨部隊第一批跨過鴨綠江奔赴朝鮮前線。任隨軍記者十年間，拍攝照片上萬張。《解放軍戰士收聽開國大典》《松林會師》《志願軍寒冬夜宿屋簷下》《戰火中搶救阿媽妮》等照片是他那一時期的代表作，被國內許多報刊爭相採用。

一九五七年他調到人民日報社，從此開始了專業新聞攝影生涯。他用鏡頭記錄下社會主義建設的艱辛和普通勞動者的風貌，敏銳地捕捉生活中的時代氣息，發掘和表現社會主義勞動之美。幾十年來，他的足跡幾乎遍及全中國。他在《人民日報》上發表過油都大慶的專頁，也多次去過鞍鋼、撫順，形象地報導了那裡沸騰的勞動生活和先進人物。他採訪過西藏和新疆，也到過海南和西雙版納。首都的政治風雲、共和國的重大歷史事件、黨和國家領導人頻繁的社

會活動等，是他新聞攝影主要的反映對象。

　　歷史賦予了呂相友機遇。從一九五七年鄧小平在西郊機場接見外賓，直到一九八八年第七屆人大，呂相友為鄧小平拍攝了幾千幅照片。當毛澤東、劉少奇、周恩來、朱德、鄧小平、陳雲等黨的第一代、第二代領導核心及其領導集體的身影出現時，往往就會看到他手持相機，及時地攝下稍縱即逝的瞬間。這許許多多的瞬間，凝聚成時代的檔案，是任何文字所不能替代的。

　　一九八〇年十一月二十日至一九八一年一月二十五日，最高人民法院特別法庭對林彪、江青反革命集團的十名主犯進行公開審判，歷時七十七天，他受單位委派拍攝了這次公審的全過程。他以新聞圖片的形式，及時、真實、形象地記錄了法庭活動，拍攝照片上千張。二〇〇六年，名為《中國大審判——公審林彪、江青反革命集團十名主犯圖文紀實》一書在北京圖書訂貨會上正式亮相。

　　據不完全統計，在他到人民日報社工作直至退休前的三十年時間裡，發表在報紙、期刊上的歷史珍貴照片就有兩千多幅。他拍下了毛澤東、劉少奇、周恩來、鄧小平等老一輩革命家的風采。《在機場上》《黃海擊浪的小平同志》等都是這個時期的代表作。毛澤東站在天安門城樓上，身穿綠軍裝檢閱紅衛兵的照片除在報刊上發表，還被印成郵票發行，影響深遠。他先後出版了《偉人周恩來》《開國元勛》《鏡頭裡的領袖風采》《小平你好》《呂相友攝影集》《紀念世紀偉人鄧小平誕辰100週年》等大型畫冊，在國內外引起極大轟動。

　　二〇〇七年四月，北京BB畫廊為其舉行了名為「歷史瞬間」的展覽，展示了毛澤東、周恩來等人不為人所知的真實生活照。一九八五年十一月，美國紐約國際攝影中心舉辦並展出他和呂厚民、侯波拍攝的《毛澤東、周恩來、鄧小平攝影圖片展覽》，受到國內外關注。

　　當年的新聞照片，走過時光的隧道，而今已成為彌足珍貴的文獻史料，在歷史的寶庫中閃耀著永不褪色的光芒。

用鏡頭書寫精彩的人生——艾永厚

自幼受中華文化的薰陶，對文學、詩詞、攝影等藝術領域有著廣泛的愛好，在後來的日子裡憑藉執著辛苦的耕耘，取得了一個又一個令人矚目的成績。艾永厚用卓越和智慧書寫精彩的人生。

艾永厚（1963年-　），通化人，滿族，世界環境攝影家協會（IEPA）會員、中國民俗攝影協會常務副會長、中國攝影家協會會員、吉林省攝影家協會副主席、長白山詩詞學會副會長，現任職於長春石油公司。

艾永厚是長白山區的詩人。早年間，他就沉醉在中國古典詩詞這棵綠樹

▲ 艾永厚

的枝枝葉葉裡，並有幾十首高水準的創作。中國古典詩詞，是帶韻的詩，濃縮的畫。這些詩情畫意每每附麗在他拍攝的美景中。他那顆澎湃的詩心總在發現美、展示美、弘揚美，抒寫對自然萬物的無限熱愛。

艾永厚是國家一級攝影師，他的作品涉獵風光、寫實、人像等諸多領域，多次在國際國內攝影參展和獲獎。分別榮獲中國第二十二屆攝影藝術展銅獎和優秀作品獎，上海第九屆國際攝影藝術展藝術類評委推薦獎、紀實類入選獎、藝術類交流展入選獎，中國第二屆「建設社會主義新農村」影展收藏作品獎、優秀作品獎，第十一屆亞洲藝術節攝影展特邀作品，多次入選《中國藝術攝影年鑑》。另有多幅作品分別在中國攝影報、吉林省攝影家協會舉辦的各種影展

影賽中分別榮獲一、二等獎。

艾永厚以常人少有的執著，利用業餘時間進行攝影創作。「拿起架子攝影，放下架子做人」，是他對攝影人的理解。二○○六年在平遙國際攝影展上舉辦「艾永厚中國吉林通化風光作品展」，二○○九年在中國攝影家協會陽光展廳舉辦《純粹》攝影展，在日本參加世界環境攝影家協會成立攝影展，二○一一年參加澳大利亞《歡樂春節》攝影展；同年先後舉辦吉林省攝影美術作品晉京展（北京中國美術館）、平遙國際攝影展、麗水國際攝影展、世界環境攝影家攝影展（日本）。任吉林省第十八、十九屆攝影藝術展評委。

看艾永厚的攝影作品，如中國著名攝影家解海龍所說，會感覺到一種寧靜，他不會追求大色彩，線條往往會非常簡單，而表現的東西卻已經早是「意」在「筆」先了。這些有內涵、有主題的攝影作品，在簡單的同時又包含著應該表述的信息，給你心靈上的震撼和衝擊。圖片中那些「密不透風」與「疏可走馬」，給人思考的空間，頗為耐人尋味。

二○○九年，為紀念中朝建交六十週年，由著名攝影家、中國攝影家協會主席邵華將軍作序、中國民族攝影藝術出版社出版的《純粹——艾永厚朝鮮映像》，是國內第一部反映朝鮮題材的紀實類攝影作品集。這是艾永厚攝影創作生涯中所取得的又一個成果，是他對自己藝術追求的又一次突破。作品以敏銳的藝術家的眼光，捕捉了朝鮮民眾對領袖的忠誠、對生活的熱愛、對理想的追求和對未來的嚮往。用鏡頭忠實地記錄了朝鮮人民的勤勞和善良、質樸和祥和，以及朝鮮的自然風光的靚麗雋美。同時，他還以獨特的攝影技巧，高雅的創作意境，嚴謹的畫面構圖，使畫面上的自然風光更加嫵媚鮮豔，錦上添花，受到了國內外攝影愛好者和專家、學者的廣泛關注和高度好評。

艾永厚以個人的體悟，將攝影從低到高、由淺入深地劃分為遞進的四個境界，即鍛鍊身體、陶冶情操、淡泊名利、淨化心靈。他說，攝影的境界就像王國維先生說的那樣：「境非獨謂景物也，喜怒哀樂亦人心中之一境界，故能寫真景物、真感情者謂之有境界。」

著名指揮家——趙寶昌

一九八九年七月一日，美國華盛頓VeiLarde飯店，第十六屆國際文化藝術交流大會正在這裡召開。趙寶昌作為中國藝術家的代表，應邀出席大會並神采奕奕地站在了大會發言的講台上。

趙寶昌（1934年-　），通化縣人，國家一級指揮，中國音樂家協會會員，中國民族管絃樂學會名譽理事，原中國電影樂團常任指揮。他在半個多世紀的音樂生涯中，刻苦學習，積極求索，通過自己的努力和與生俱來的音樂天賦，最終成為集器樂演奏、詞曲創作、樂隊指揮、音樂評論於一身的著名音樂人。在國際國內贏得很高聲望，入選美國「ABI」名人錄，獲英國劍橋大學傳記中心頒發的「世界成功者先驅」名人錄證書。

一九四七年至一九四九年間，趙寶昌在通化中學讀書時就樹立了一個遠大理想，讀大學、當科學家，同時也當一個作曲家。就在他發憤苦讀時，東北軍區軍政幹部教導大隊到學校招收學員，他響應號召帶頭報名。不久，抗美援朝戰爭爆發，他應召進入東北空軍文工團。在火線，十七歲的他創作了深受志願軍指戰員喜愛的歌曲《鴨綠江水流向南》。一九五四年，新中國第一支禮儀部隊成立，他成為中國人民解放軍軍樂團一員，這裡為他提供了更好的學習氛圍。他跟車征夫學和聲，跟歐陽楓學作曲，跟洪潘和德國著名作曲家維利·考夫曼學指揮，同時他也是樂團成員的雙簧管和視唱練耳教員，這為他日後的成長、成才打下堅實基礎。

一九八五年，時任北京電影樂團指揮的趙寶昌，在中國——新加坡首航時，被邀請為「中國電影明星藝術團」藝術指導兼指揮，赴新加坡訪問演出，連演十四場，場場爆滿。由孫道臨作詞、他譜曲的《你好，新加坡》在該國廣為傳唱。

一九八七年四月，趙寶昌為施光南、谷建芬、王立平等十大作曲家指揮了

歌曲新作音樂會。同年八月的首屆中國音樂節上，在北京音樂廳，趙寶昌擔任中國電影樂團大型民族管絃樂音樂會的整場指揮。從一九七八年到一九八九年的十一年間，他指揮的影視音樂作品多達三百餘部集，其中有「文革」後的第一部故事片《淚痕》、中國的第一部電視劇《敵營十八年》，以及《紅樓夢》《鵲橋仙》《劉少奇在東北》等。他的指揮風格以激情洋溢、細膩嚴整、富有極強的藝術感染力而著稱。

他還創作了大量音樂作品，有民族器樂曲、管絃樂曲和歌曲，以及為新聞電影紀錄片和電視專題片而創作的《年輕的體育健兒組曲》《歡迎和慶祝》《祝您快樂》《秋水月影》《齊白石》。西哈努克親王遊覽西湖時，他創作了《遊覽》；尼克松總統來訪，他創作了《參觀針刺麻醉》等。一九七六年毛澤東主席逝世後，中央電視台播放的第一部反映毛主席在中南海工作、生活的電視片用的背景音樂就是他創作的。改革開放以後，他率領的中國電影樂團在全國各地演出多達上千場，足跡踏遍中華大地。

一九八九年第十六屆世界文化藝術交流會結束後，他應邀在聖地亞哥國際大學做訪問學者，後獲「人才綠卡」留美居住。一九九六年初，他與友人共同創建了洛杉磯華人藝術團，擔任副團長、總監和指揮。不久，美國中國交響樂團成立，他出任總監和指揮，先後為錢其琛外長訪美、大陸賑災等重大活動進行義演。一九九九年，在中華人民共和國成立五十週年之際，南加州各界華人華僑在洛杉磯舉行盛大文藝晚會，他又親自拿起指揮棒，上演了由交響樂隊伴奏的氣勢磅礴的《黃河大合唱》。

二〇〇六年九月，七十一歲的趙寶昌在北京中山音樂堂舉辦了個人作品音樂會。整場演出的曲目完全由他本人創作、本人指揮，樂隊是他當年指揮過的中國電影樂團管絃樂隊。

抗聯歌曲研究專家──韓玉成

韓玉成蒐集整理的《東北抗戰歌謠》及其姊妹篇《東北抗聯歌曲選》，一九八九年、一九九一年，由陸定一、韓光、賀敬之、李煥之等同志題詞、作序、題寫書名，由北方婦女兒童出版社先後作為慶祝建國四十週年和紀念「九一八」事變六十週年獻禮書出版，並獲優秀圖書獎。曾在日本協助蒐集東北抗戰歌謠的東京大學法學博士石川二郎教授不無感慨地說：「不管是日本人還是中國人，只要看過這兩本書的就不能不為之動容。它記錄的是中國的苦難，見證的是日本的恥辱。」

▲ 韓玉成

韓玉成（1946年-　），筆名韓笑，柳河縣人，國家一級作曲，中國音樂家協會會員、中國教育家學會理事。一九九二年至二〇〇六年任通化市音協主席，省音協、省記協理事。二〇〇六年於通化日報社退休定居大連後，仍從事音樂教育和東北抗聯音樂文化史料的研究工作。目前，《蕩氣迴腸的絕地吶喊──抗聯歌曲手抄本研究》書稿已近尾聲。

近四十年來，他致力於東北抗戰時期音樂文化史料的蒐集搶救和整理研究。先後採訪了五省九市一百四十餘位倖存的老抗聯、老義勇軍將士。其中包括楊靖宇、李兆麟、周保中等的警衛員以及周保中夫人王一知、李兆麟夫人金伯文、中紀委常務書記韓光等。他還把楊靖宇的警衛員姜德洲老人從龍崗山區接到自己家裡，為這位七十多歲重病纏身的老人抓藥調養，擇機採訪，並幫助他申辦了老紅軍待遇。經過多年努力，陸續積累了包括抗聯將士「手抄本」在

▲《東北抗戰歌謠》

▲《東北抗聯歌曲選》

內的相當數量的第一手抗聯音樂文化史料。

　　一九七九年，他撰寫的《楊靖宇將軍與第一路軍軍歌》一文由《長白山》雜誌發表，是年整理編創的《抗聯組歌》由通化地區代表隊參加首屆全省農村會演，獲表演、創作一等獎。一九八二年，省藝術集成編委會聘他為《中國民歌集成·吉林卷》特邀編委，並獲「突出貢獻獎」。

　　一九八三年五月，他向吉林藝術學院遞交了論文《抗聯歌曲研究漫談》，引起導師呂金藻教授的高度關注，稱「這是新中國成立以來第一篇關於抗聯歌曲研究的系統闡述，具有開創性和獨創性」。一九八四年秋，他被母校召回，參加國家科研規劃領導小組下達給吉林藝術學院、由呂金藻教授主持的重點科研項目《東北淪陷時期音樂概況》攻關小組，並承擔第一專題《東北抗聯歌曲的產生與發展》調研和主筆任務。一九八五年二月，論文《叱吒風雲的不朽樂章——楊靖宇將軍與抗聯歌曲》在國家期刊《人民音樂》發表。一九八七年七月，六萬字的論文《東北抗聯歌曲的產生與發展》通過答辯論證，由吉林藝術學院院刊連載刊出，並先後在東北音樂研討會（松花湖）和中國音樂史年會（江陰）宣讀、交流。與會專家學者一致認為：這一研究成果「在東北抗戰文

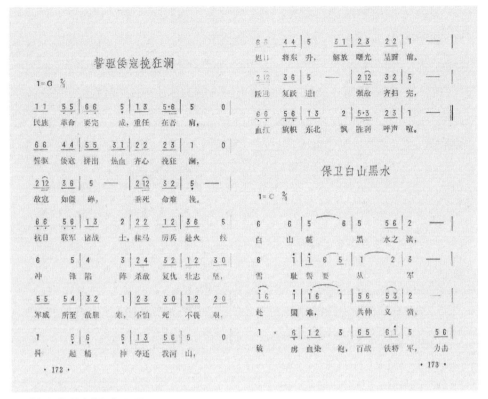

▲《東北抗聯歌曲選》內頁

化史和中國近現代音樂史領域填補了一項空白，佐證了東北抗聯不僅能打仗，
也是一支有文化品位的隊伍」。

他撰寫的《歷史的回音壁——抗聯歌曲漫談》《蕩氣迴腸的絕地吶喊》等
評介文章，陸續在文化部主辦的專業刊物《群眾文化》及省級以上多家媒體發
表。他關於抗聯歌曲的相關論著，被有關史志學術研究機構和部分院校具名引
用。他多次應邀到東北師大、通化師院等院校和駐軍部隊做抗聯歌曲專題學術
報告和革命傳統教育。《黨員之友》《今天》等媒體先後採訪報導了他，譽之
為「抗聯歌曲專家」。

二〇〇一年九月十八日，央視《勿忘九一八》特別節目特邀他做客東方時
空，訪談抗聯歌曲並錄播了他提供的部分史料。二〇〇五年，《戎馬倥傯譜戰

歌——楊靖宇將軍歌曲創作寫真》由中央文獻出版社選入楊靖宇誕辰一百週年
紀念文集出版。《朝陽,你好——玉成創作歌曲選》一九八九年由長白山音像
出版社出版。著名歌唱家呂文科、姜嘉鏘、江山、閻維文等先後演唱了他譜曲
的《白雲——獻給楊靖宇將軍》(陳克正詞)等歌曲,《展開金色的翅膀》(李
宜安詞)由中央人民廣播電台每週一歌欄目播出。

　　截至二〇〇六年退休前,出版專、編著十四部,獲省以上獎勵五十四件
次,其個人傳略被選入鄧小平題寫書名的《中國音樂家名錄》。

銀屏歌唱家——邊桂榮

從嚴格意義上說，從山城通化走向全國文藝界知名人士的第一人應該投給邊桂榮。她同時也被稱為中國銀屏歌唱家，是家鄉人民的驕傲。

邊桂榮（1953年-　），女，通化人，長春電影製片廠樂團女高音歌唱家、國家一級演員。文化部授予其拔尖人才榮譽稱號，是中國音樂家協會會員，中國電影家協會會員。一九七一年末考入長春電影製片廠樂團，一九八八年考入瀋陽音樂學院，畢業後仍回到長影樂團工作。三十多年來，曾先後為《豔陽天》《創業》《車輪滾滾》《流淚的紅蠟燭》《金光大道》《大渡河》《花園街五號》《刑場上的婚禮》等二十餘部電影錄配了獨唱。在《燃燒的人》《紅哨》《通化風情》《致富人家》等電視劇中錄配獨唱。其中《創業》《豔陽天》等電影歌曲由中央唱片社錄製了唱片，國內外發行。邊桂榮熱愛音樂事業，鑽研本職業務，是國內外有一定影響的女高音歌唱家。

▲ 邊桂榮正在給學生上課

大山裡飛出去的「百靈鳥」──接厚芳

接厚芳（1953年-　），女，集安人，中國空政文工團著名女高音軍旅歌唱家、國家一級演員，享受國務院政府特殊津貼，是從通化大山裡飛出去的「百靈鳥」。

她一九六九年十一月入伍，在吉林省森林警察文工團任獨唱演員，其間被推薦為工農兵學員入吉林省藝術學院學習，於一九七六年畢業。一九七八年調到中國人民解放軍空軍政治部歌舞團任獨唱演員至今。現為文職三級，享受副軍級待遇。

作為我國難得的美聲花腔女高音，她具有嫻熟的演唱技藝和良好的音樂悟性，其嗓音音質純正、明麗，具有極強的穿透力。她演唱歌曲自然、厚重、大氣、典雅、有魅力，聆聽她的演唱，使人感到有一種松濤般澎湃的激情，極具感染力。

她曾多次在全軍調演中獲獎和出國訪問演出，所演唱和創作歌曲常在央視和地方電視台播出。曾出版發行個人獨唱專集盒帶《綠色的愛》，CD盤《從森林飛向藍天》。一九九六年她在北京成功舉辦了「接厚芳個人獨唱音樂會」。二〇〇一年她的《春天人間》榮獲中央電視台MTV「康佳杯」銀獎。二〇〇二年為家鄉集安錄製了五首綠化環保題材的MTV風光片，在中央電視台和吉林電視台播放，影響很大，為此榮獲了國家綠化委員會頒發的「祖國綠化獎章」。

她演唱的代表作品有《春天的風》《長白山下小江南》《夢迴故鄉》《天兵》《大愛無疆》《感恩母親》《古城集安》《好地方》《春到軍營》《希望的中國》《就這樣升起你五星紅旗》《綠色的呼喚》《永恆的愛》《走在我們行列裡》《瑪麗諾之歌》《親愛的爸爸》《月亮頌》《小河淌水》《九里里山疙瘩十里里溝》《請到森林來找我》《藍色的夢》《唱吧銀鷹》等。

她是中國音樂家協會會員、中華海外聯誼會理事、中國扶貧開發協會宣傳教育委員會常務理事、中國扶貧開發協會藝術團副團長、華夏文化基金專家委員會主席、北京理工大學兼職教授。

接厚芳熱衷於公益事業和音樂教育事業，為部隊和大專院校培訓文藝骨幹，還應邀在軍內外各類文藝會演和比賽中擔當評委。她的學生考入了中國音樂學院、吉林省藝術學院等高等院校。為推進部隊文化工作，她編寫的《怎樣學唱歌》系列教學文章在《空軍報》連載，深受廣大指戰員的歡迎。

▲ 音樂專題片《長白山下小江南》

影視兩棲明星 —— 郝蕾

　　她從長白山腳下的明珠山城通化出發，一路灑下了辛苦拚搏的汗水，成為全國知名影視兩棲明星，深受廣大觀眾喜愛。她就是郝蕾。

　　郝蕾（1978年- ），通化市人，畢業於上海戲劇學院表演系。一九九七年出演第一部電視劇《十七歲不哭》，二〇〇二年主演電視劇《少年天子》受到關注，到二〇一四年出演電視劇達三十餘部。二〇〇一年出演首部電影《初戀的故事》。二〇〇六年主演的電影《頤和園》獲得韓國釜山電影節青年導演計劃的劇本獎，該片作為唯一入選戛納電影節的中國影片，她也因此受到海外人士的關注和認可，晉身為國際影人。二〇〇九年其主演的電影《白銀帝國》獲第二十九屆夏威夷國際電影節最佳電影獎。二〇一〇年憑電影《第四張畫》榮獲第四十七屆金馬獎最佳女配角。二〇一二年十一月憑藉《浮城謎事》中的大老婆角色入圍金馬獎最佳女主角獎。二〇一四年出演電影《親愛的》，受到廣大觀眾的一致好評；同年出演《黃金時代》，郝蕾在劇中扮演丁玲，獲得第五十一屆台灣金馬獎提名。

▲ 郝蕾

▲ 電影《白銀帝國》劇照

東北抗聯文學作家──孫踐

作家孫踐，一生致力於長白山文化研究和東北抗聯文學創作，為通化作家群成長壯大做出了獨特貢獻。

孫踐（1930年至2007年），筆名卓昕，一九三〇年出生於臨江縣八道溝，祖籍山東蓬萊。中國作家協會會員、中國民間文藝家協會會員，曾任通化市作家協會副主席。

自幼愛好文學，中學時代即在《遼寧大眾》《鴨綠江》報刊上發表文學作品。參加工作後，利用業餘時間進行創作，在省以上報刊、出版物上發表詩歌近百首，散文、小說三十餘篇，以關東特色和東北抗日聯軍題材居多。散文《烈恨難消──楊靖宇將軍殉國記》載於《長春》文學月刊（1979），小說《五支令》發表於《解放軍文藝》（1982），散文《爸爸的相片》收入《中國新文化大系1976-1982散文集》。一九八二年出版傳記文學《民族英雄楊靖宇》（陝西人民出版社），並榮獲湘、鄂、贛、陝「革命先輩故事叢書」優秀創作獎。還編輯出版了《進廠之後》《葡萄溝少年》小說、故事集。離休後，利用手中的豐厚資料，致力於楊靖宇將軍革命史蹟的研究，先後出版了《抗日民族英雄楊靖宇傳奇》（解放軍出版社2002）、《民族精魂》（吉林文史出版社2004）。同時，歷經七年孜孜不倦的寫作，於二〇〇六年初，三卷本一百三十萬字的《楊靖宇全傳》由吉林文史出版社出版。

筆耕不輟的作家——金乃祥

涉獵體裁民間文學、詩歌、戲曲、影視劇本、散文、小說、評論，在民間故事、兒童文學、小說創作上尤為擅長並多篇獲獎，還長期從事文藝的組織輔導工作，成績顯著，多次受到國家、省、市的表彰。

金乃祥（1936年-　），滿族，筆名金生、金鑫、今新。祖籍遼寧省蓋縣。一九五一年九月參加工作。一九七三年七月調入通化地區戲劇創作室，一九七九年初被選為通化地區文聯秘書長，一九八五年任梅河口市文聯副主席，一九八六年任通化市文聯副主席，一九九六年四月退休。曾任通化市作家協會主席、民間文藝家協會主席，吉林省文聯第五屆委員，吉林省作家協會第三、四、五、六屆常務理事、理事，吉林省民間文藝家協會理事、副主席，吉林省

▲ 金乃祥

民俗學會理事，中國新故事學會理事，中國少數民族作家學會理事等。現為通化市作家協會顧問，吉林省滿族剪紙研究會顧問，吉林省民間文藝家協會榮譽理事，吉林省文學創作中心聘任作家，中國民俗學會會員，中國民間文藝家協會會員。

從二十世紀五〇年代初開始文藝創作。早期有詩畫作品《他是誰》《田鼠與麻雀》《農民學文化》《保衛秋收》等，見諸《遼東文藝》《遼東大眾》等報刊；一九五七年一月號《長春》文學月刊發表了小說《山路上》之後，至今已在全國各級報刊、書籍、選集中發表小說《初春》《解凍》《朝霞映江紅》《小獵人的禮物》、散文《主人》《在綠野上相逢》、報告文學《柳暗花明又一春》《老輩人沒想過的事》及民間故事《紅松》《木排橋》《粗枝不能直》《老洞狗子下山》《母鹿下跪》等數百篇作品。出版的專著有少兒讀物《渡口》、長篇小說《劉羅鍋斷案傳奇》（與鄧加榮合作）、中篇小說《劉羅鍋斷案故事》（與鄧加榮合作）、中篇小說集《末代皇帝大逃亡》（與劉佰英合作）、中短篇小說集《牛啊，牛！》、散文集《雙溝村紀事》、民間故事集《參姑》等十一部。

電影劇本《渡口》一九七五年由上海美術電影製片廠攝製，在全國放映；廣播劇《甜妞看瓜》一九八一年由中央人民廣播電台錄製，在「星星火炬」節目播出；二十集電視連續劇《劉羅鍋斷案傳奇》（與鄧加榮合作）由北京北普陀影視製作中心攝製完成，二〇〇一年至二〇〇二年在中央電視台八頻道、十二頻道播出。

▌報告文學作家──喬邁

　　作為兩次全國報告文學大獎的獲得者，喬邁先生以其睿智、深邃的洞察力，與其他作家一起，把我國的文學事業推向了一個嶄新的階段。

　　喬邁（1937年- ），原名喬國范，海龍縣（今梅河口市）人。一九六三年吉林大學中文系畢業後到吉林省歌舞團任創作員。一九八五年後任吉林省作家協會駐會專業作家、副主席。一九八三年加入中國作家協會，中國作協第五屆、第六屆全委會委員，第七屆名譽委員。

　　其報告文學獨樹一幟，在國內當代文壇上有廣泛影響。著有報告文學集《三門李軼聞》《愛之外》《森林大火災》《青銅少女》，長篇報告文學《亂世影劫》《風從八方來》《百年夢現》等，散文隨筆集《冬之夢》《歲月物語》等，電影文學劇本《不該發生的故事》。作品曾獲中國作協第二屆、第三屆優秀報告文學獎，人民文學出版社《當代》文學獎，吉林省第一、二、三、四屆「長白山」文藝獎，《人民文學》創刊四十五週年優秀作品獎，中國作協所屬報刊抗戰文學作品徵文優秀作品獎。電視文學劇本《不該發生的故事》經長影拍攝成電影后獲金雞獎、百花獎、文化部獎、長影小百花獎、優秀編劇獎。《三門李軼聞》二〇〇九年獲中國報告文學學會評選的中國改革開放優秀報告文學獎。兩次獲吉林省「勞動模範」稱號；獲吉林省委、省政府授予的「吉林英才」獎章等。享受國務院特殊津貼。

著名回族作家——馬犁

馬犁在文學創作領域的知名度，在通化乃至全省的作家群裡都是屈指可數的。他的創作生涯貫穿了整個新中國成立之初和改革開放時期，稱其為長白山驕子並不為過。

馬犁（1939年至1993年），原名馬廣利，回族，集安人，現代文學作家。一九八二年加入中國作家協會。一九八一年畢業於中國作家協會文學講習所。當過工人、教師、編輯、基層單位幹部，通化地區戲劇創作室副主任，吉林省作家協會理事，專業作家，文學創作一級。吉林省少數民族文學創作委員會副主任，中國少數民族作家學會常務理事。

▲ 中短篇小説集《五彩繽紛的事業》

一九五七年開始發表作品。著有散文集《水擊三千里》《與寂寞為伴》，中短篇小說集《五彩繽紛的事業》《西望博格達》，散文《鴨綠江邊小景》《白山紅翠蓮》《大海依舊年輕》等一百餘篇，短篇小說《長白山密林裡》《小城圓舞曲》等五十餘篇，報告文學《窗口開向五洲》等二十餘篇，電視劇劇本《小龍灣的人家》等。散文《血染的借條》獲全國少數民族文學創作獎，《水擊三千里》《西望博格達》分獲吉林省第一屆、第二屆少數民族文學創作獎，《冬天的馬拉松》（撰稿）獲東北三省電視劇金虎杯短劇小品一等獎。

長白山作家群裡的佼佼者——趙赴

趙赴（1939年至1992年），本名趙喜林，吉林撫松縣人。畢業於撫松師範學校，做過小學和中學教員。曾任通化市戲劇創作室主任、通化市作家協會副主席，國家二級編劇。曾是中國戲劇家協會會員、中國民研會會員、中國散文學會會員、吉林省作家協會會員。被譽為通化作家群的扛鼎者。

他從20世紀50年代中期開始業餘創作，主要從事散文、詩歌創作和民間文學蒐集整理等。到60年代初，便成為全省較有名氣的青年作者。1964年調入通化地區戲劇創作室從事專業創作，先後參與了《把山虎》《烽火橋頭》《四保臨江》等劇目的創作。在二十餘年的創作活動中，創作各種題材的劇本三十四部，其中上演和電台播出三十部，另四部發表於相關報刊。廣播劇《瓜把式看戲》獲全國優秀廣播劇獎，大型吉劇《曲徑通幽》、小吉劇《飄零者》獲省佳

▲ 趙赴

▲《淺草集》　　　　　　　　　▲《青霜劍》

作獎，小戲曲《畫貓知府》獲省飛虎獎。1990年出版了《趙赴劇作選》。

　　除進行戲劇創作外，還從事小說、散文等文學創作。發表散文一百餘篇。散文集《淺草集》由吉林人民出版社出版。其中散文《天涯歸舟》獲全國散文徵文一等獎，散文《小鎮陳情》獲長白山文藝獎。《天涯歸舟》和《小鎮陳情》被《新華文摘》轉載。在《人民文學》《人民日報》《北京文學》《上海文學》等二十餘家報刊發表中短篇小說四十餘篇。出版了《青霜劍》等三部長篇小說，累計發表三百餘萬字。有十二篇文學作品分獲省級一、二、三等獎。

　　趙赴是長白山養育的作家，他天資聰穎，勤敏好學。創作的作品底蘊深厚，風格獨特，文采飛揚。他的作品被翻譯成多種文字在國外出版。

　　由於他創作頗豐，且成果顯著，先後被省總工會授予「自學成才」稱號，被省政府授予吉林省勞動模範，被收入《中國現代民間文藝家辭典》。

從大森林裡走出的詩人 —— 朱雷

在中國新時期文學繁榮之際，吉林省文壇曾經異軍突起殺出一匹黑馬。他以清新獨特的詩風，在全國颳起了一陣疾風，在中國詩壇樹立了長白山作家一面旗幟，他就是中國新詩符號式人物——朱雷。

朱雷（1947年至2014年），原名朱濟興，祖籍山東蓬萊，出生於吉林省白山市，中國作家協會會員、吉林省作家協會理事。曾任《長白山》編輯部副主編、編審，通化市作家協

▲ 朱雷

會主席。一九七一年開始發表作品。著有詩集《春的四重奏》《綠色風》《北方圖騰》《朱雷詩集》。曾獲吉林省政府首屆「長白山文藝獎」、吉林省作家協會首屆「吉林文學獎」、吉林省青年文學獎、第二屆《作家》雜誌獎等。一九八三年五月，在北京參加了詩刊社主辦的第三屆「青春詩會」。一九八六年末，作為特邀代表參加了「全國青年文學創作會」。

從《春的四重奏》的精工細緻到《綠色風》的自然清新，再到《北方圖騰》的陽剛雄奇，詩人朱雷一直在超越自我，而這種超越又不僅僅是對自我的簡單否定和對既往的隨意偏離。在《北方圖騰》中，展現的是關東人文資源的深層敞亮、陽剛風格的高度張揚、感性詩藝的精心建構，而這一切都是建立在一種「逍遙於苦寒」的關東氣質上。在這種滲濾至骨髓的關東氣質裡，同時流溢著

詩人內心對庸常浮泛現實的無限思考。《北方圖騰》挖掘出了關東地域風物的獨特氣質。在關東一隅，尤其是長白山地，雪嶺峻拔，清泉湍急；林藏野性，土含幽芳。雖經數百年拓荒和墾殖，仍不失其荒涼和苦寒。棲身於此的詩人朱雷，上承《詩經》《莊子》傳統，又繼現代詩人之流風，立足於長白山林海雪原、山河曠野中，將創作拓展至關東之千山萬水、邊鎮路站間。其描畫抒懷的視角，如同鯤鵬，振翼高空，垂天蔽雲，精心繪製出一幅鉅細無遺的關東風物長卷。

朱雷堅持寫自己熟悉的生活，他一次次走進大自然的森林，執著地表現林區生活，抒發自己真摯細膩的思想感情。他注重我國詩歌創作現實主義的優良傳統，講求詩的內涵、思想內容的充實，又注意出新，不排斥吸收各種詩歌流派的營養，使自己的詩無論是內容還是表現手法都不同於過去。他講求形象、意境的創造，講求構思熔裁，講求詩的語言的錘煉。

朱雷的詩集以剛柔相濟的筆鋒重鑄了關東人心靈的神諭。沿著百感交集的神話旅程，朱雷為自己抑或他人創作了有關價值和信仰的詩篇，足以醒世的、不朽的詩篇。

▲《北方圖騰》和《朱雷詩集》

碩果纍纍的兒童文學和影視劇作家——運新華

運新華的兒童文學創作活動，在國內文壇上稱得上自立門戶，完全可以列入「大家」行列。他是通化作家群中獨樹一幟的優秀代表。

運新華（1949年- ），吉林通化人，一九六九年入伍，一九八四年轉業到通化市戲劇創作室工作，曾任通化市戲劇曲藝家協會主席。

▲ 運新華

一九六五年在《兒童文學》發表處女作《石頭兒參軍》。

服役期間，在軍內外報刊發表各類文學作品近百篇。其中《小兵東東》《路之歌》《星星》《白芍藥》有一定影響。轉業後又在各類報刊發表文學作品近百篇，出版了長篇小說《金色的魔幻》《狼神》，中短篇小說集《古墓魔椅白芍藥》。主編的《港台武俠精品博覽》（全十冊）由長春出版社出版。

從事專業編劇工作期間，共創作大型舞台劇本二十六部，省以上刊物發表十六部，收入選集由中國戲劇出版社出版兩部，排演四部。有一定影響的是話劇《絕壁》《對流雨》，兒童劇《樂園》，戲曲《山坳》，獲田漢戲劇獎、中國戲劇文學獎、吉林省一等獎多次。《高光》《輓歌》《井》等五部分別在湖南、上海、山西、廣東及內蒙古面向全國的劇本徵集中獲獎。《絕壁》收入《吉林省五十年文藝作品選》，《樂園》應文化部之邀晉京展演。創作排演小戲小品二十部，獲文化部群星獎、吉林省小戲小品獎。劇本選集《紅氍毹之夢》《運新華劇作選》分別由時代文藝出版社和中國戲劇出版社出版。

創作影視作品三十部，拍攝十七部，發表十二部，正式出版一部。主要有《銀鐲子金鐲子》《驛站》《相思河的故事》《院長爸爸》《血色玫瑰》《圍屋裡

▲ 運新華文學作品

的桃花》《開國元勛朱德》，以及《黃毛兒》《鄭和出海》等。先後獲遼寧省優秀電視劇獎、「東北風」獎、全國兒童影視劇本評獎一等獎，中國電影華表獎提名獎以及電視劇飛天獎。

　　錄製廣播劇十六部。主要有《汽車大王和葡萄皇后》《遠山幽情》《雨季花季》，獲吉林省評比一等獎、最佳編劇獎、全國廣播文藝評比一等獎，全國廣播劇「白玉蘭」杯劇本獎等。

著名作家、文化使者——呂明輝

　　2013年4月23日上午，在朝鮮平壤萬壽堂大議事堂授勳大廳裡，朝鮮最高人民會議常任委員會副委員長楊亨燮將一枚銀質勳章佩戴到一位中國人胸前。這個接受「朝鮮民主主義人民共和國第二級友誼勳章」的中國人，就是通化市作家呂明輝。

　　呂明輝（1952年- ），遼寧省丹東市人，中國作家協會會員，吉林省作家協會會員，通化市作家協會原主席。2012年在通化市文聯副調研員崗位退休，現被聘任為通化師範學院朝鮮半島經濟文化研究中心主任。

　　他於1978年開始業餘文學創作，先後在《新苑》《長春》《鴨綠江》《青年作家》等文學刊物發表民間故事《關門砬子》《羊魚頭》等十餘篇；短篇小說《軍歌怎麼唱》《藍天開了一朵白花》等四十餘篇；中篇小說《失蹤的骨灰盒》《神草》《黃色的爆炸》等二十餘部。其中短篇小說《女公安與橡皮鴨子》獲吉林省「小說與故事」佳作獎；中篇小說《上帝的過錯》獲《長春晚報》連載小說獎；短篇小說《遙遠的眼睛》獲2012年「吉林文學獎」。

　　從1994年開始，呂明輝轉向長篇言情推理小說創作。1995年9月，出版了第一部長篇言情推理小說《梅娘》。接續創作的《梅娘》續集、長篇言情推理小說《梅娘日記》也於1995年10月出版；長篇言情推理小說《焚情》1997年出版；長篇言情推理小說《廢情》1997年出版，2003年9月再版（易名《沒有纏綿》）；長篇言情推理小說《尷尬一回》1998年出版；中篇小說集《第四顆禁果》2001年出版。他的五部長篇言情推理小說和多部中篇小說還在多家報紙上連載。

　　呂明輝的長篇和中篇言情推理小說具有強烈的時代印記和藝術特點。一是他的小說情節設計奇巧，起伏跌宕，加上精彩的偵破推理，讀起來讓人不忍釋卷。二是他的小說注重描寫人物的思想感情變化，尤其是描寫中國社會進入開

放時期之後，新的社會生活對傳統愛情、道德、婚姻和家庭的衝擊與顛覆。三是注重在故事描述中提煉生活哲理，用哲學的語言和思維，精闢地分析人的本性，揭示社會生活本質。

▲ 朝鮮全國人大副委員長楊亨燮為呂明輝（左一）授勳

2000年之後，呂明輝突然筆鋒一轉，從長篇言情推理小說創作轉向紀實著作寫作。2000年，出版了長篇紀實叢書《不平靜的海灣──海灣危機十年紀實》（與呂明武合作），全書六卷，二百萬字。完整地記敘了自1990年至2000年十年間海灣戰爭以及前后海灣危機的全過程，堪稱「海灣危機」描述之最。2006年，出版了紀實著作《通化二·三事件》。這個重大歷史事件的披露於世，是他用了十四年時間，廣泛收集中國和日本兩方面歷史資料，經過潛心研究著述的結果，可謂厚積薄發。

從2002年開始，呂明輝的紀實著作寫作集中到朝鮮題材上。當年，出版了紀實著作《金日成和張蔚華》。這一描述中朝兩國抗日志士共同抗擊日本帝國主義感人故事的著作出版，給鮮見朝鮮題材著作的中國圖書市場增添了新意，2007年再版，並且被朝鮮平壤外文出版社翻譯出版。2005年出版專著《金正日時代》，2009年出版紀實著作《朝鮮紀行》，2013年出版專著《朝鮮支援中國東北解放戰爭紀實》，填補了中朝友誼史研究領域的一段空白。

此外，2007年呂明輝還與張琪合作主編了朝鮮題材文集《走進友情──紀念金日成主席誕辰95週年暨張蔚華烈士犧牲70週年文集》，2012年與朱俊義合作主編了文集《永久的懷念──紀念金日成主席誕辰100週年暨張蔚華烈士犧牲75週年文集》。

影視劇作家——趙韞穎

　　通化作家群裡有一個影視劇女作家，她就是趙韞穎，著名作家趙赴之女。

　　趙韞穎（1959年- ），女，吉林通化人。中國作家協會會員、中國電影家協會會員、中國電視藝術家協會會員、中國電影文學學會理事、中國電視劇編劇協會理事。

　　一九七七年到二道江區鐵廠鎮創業農場勞動，同年參加高考，一九八二年畢業於四平師範學院中文系。歷任吉林省四平《松遼文學》編輯部編輯、長春

▼ 趙韞穎

電影製片廠文學部編輯、吉林省廣播電影電視廳影視管理處副處長、吉林電視台文藝中心副主任。二〇〇七年，調入上海戲劇學院擔任電影藝術學院副院長。一九七九年開始發表作品，至今共創作發表長篇小說、中篇小說、短篇小說、電影劇本、電視劇劇本、散文等作品二百多萬字。

　　長期以來，趙韞穎主要從事電視劇、電影的劇本創作。所創作的電視劇《咱爸咱媽》《代理媽媽》《春長秋也長》《老娘淚》等均在中央電視台播出。電視劇《咱爸咱媽》獲「五個一工程」獎、飛天獎、金鷹獎、中國人口文化獎等諸多獎項。電視劇《老娘淚》獲飛天獎、法國蒙特卡洛國際電視節長篇電視劇提名獎、金盾文化獎等，《代理媽媽》獲中國人口文化獎，電影《燦爛的季節》獲中國電影華表獎，本人於二〇〇八年獲上海市優秀文藝家獎。

　　二〇〇八年在中國電視劇誕生五十年之際，中國電視藝術家協會在全國範圍內評選出為我國五十年電視劇發展做出突出貢獻的百名優秀藝術人才，其中有三十五名電視劇優秀編劇，趙韞穎因創作成就的突出而入選。

全國優秀科普名家──張福有

　　張福有（1950-　），別署養根齋，祖籍遼寧東港，一九五〇年四月二十三日生於集安良民村。曾任集安縣委辦公室副主任、通化地委辦公室副主任、吉林省委副秘書長兼辦公廳副主任，白山市委副書記兼市政協主席，吉林省委宣傳部副部長（正廳長級）兼吉林省社科聯黨組書記、副主席，吉林省文聯（吉林省作協）黨組書記、副主席和吉林省社科院副院長等職。第七屆中國文聯全委，中華詩詞學會第二屆、第三屆副會長，中國攝影家協會理事，中國作家協會會員，中國書法家協會會員，吉林省政協常委。現為中華詩詞學會顧問、中國楹聯學會顧問、吉林省委決策諮詢委員、吉林省政府文史館館員，吉林省長白山文化研究會會長，吉林省詩詞學會會長、《長白山詩詞》主編，吉林省攝

▲ 張福有發現長白山手斧

影家協會終身榮譽主席。著有《養根齋詩詞選》《張福有詩詞選》《詩詞曲律說解》《長白山詩詞史話》《一剪梅情緣》《高句麗王陵統鑑》《尋訪額赫訥殷》等，合著《好太王碑》《高句麗王陵通考》《高句麗千里長城》《百年苦旅》等，輯箋《長白山詩詞選》，主編《歷代詩人詠集安》《長白山池南擷韻》等，編著《長白山詩詞論說》《蕩平嶺碑記》《集安麻線高句麗碑》等。共出版四十多本書籍，是中國社科院東北工程專家組成員，吉林省文物局確定的集安麻線高句麗碑專家組成員。致力於東北史地重大問題調查、研究與考古，力行以詩證史，傾心培育長白山詩詞流派，為長白山文化研究和建設做出開拓性貢獻。二〇一二年，張福有榮獲全國優秀科普名家稱號。

在長白山文化研究與建設方面，自一九九六年至二〇〇〇年初在白山市委、市政協工作期間，開始注重長白山文化的研究與建設，主持召開了全國第二屆、第三屆長白山文化學術研討會。二〇〇〇年十月二十九日，組織成立吉林省長白山文化研究會並被選為會長。主持召開八次全省長白山文化研討會，合作主編四本《長白山文化論叢》，在《吉林日報》發表《長白山文化：代表吉林文化的標誌性符號》等系列重要文章。自一九九三年以來，一百七十六次登長白山考查，重走一百年前劉建封踏查長白山之路、三百三十七年前武默訥看驗長白山之路，找到乾隆八年（1743年）《長白山祭文》和乾隆四十年（1775年）世居長白山西邊的額赫訥殷祖譜及其十八世後裔付國安先生等。張福有傾心並致力於加強長白山文化建設，是長白山文化研究與建設的開拓者。

在培育和建設長白山詩詞流派方面，利用從政的業餘時間，刻苦鑽研詩詞理論，創作舊體詩詞數千首。作為中華詩詞論壇壇主，以「中華詩詞論壇・關東詩陣」平台，自二〇〇七年以來，組織十六次全國和東北詩人到本省一些市縣採風，主編、出版二十六本大型詩集，共得三萬多首詩詞。連續十一年在全國開展迎春和詩，已得和詩三千二百多首。考證隋煬帝的《紀遼東》是詞的源頭，整理《紀遼東》詞譜，三年間得全國詩人創作三千六百多首《紀遼東》，主編並出版了《紀遼東》專輯。首創《海龍吟》《一剪梅引》等新詞牌並結集

出版。從《全金詩》中考證金世宗派張子固冊封長白山、王寂宿梨樹韓州大明寺辨識雞兒花、康熙派武默訥一等侍衛對秦冊封長白山之神等，在以詩證史上起了關鍵作用，做出重要建樹，被國內詩詞界譽為「關東詩陣現象」「吉林詩詞現象」。張福有是國內詩詞界公認的長白山詩詞流派的領軍人。

在扶餘、高句麗、渤海國和遼金考古與歷史研究方面，自二〇〇三年以來十二年間，在吉林省委宣傳部主管東北史地重大問題研究期間，走遍吉林、遼寧、黑龍江三省扶餘、高句麗、渤海墓地、城址和遼金重要遺址，拍攝三萬多幅圖片資料，測得坐標等重要數據，將文獻研究、文物遺跡遺物調查與地理環境辨析結合起來，系統分析，綜合考鑑。考證集安出土的趙國陽安君劍之陽安君是老子李耳五世孫、唐高祖李淵三十五世祖、趙惠文王李兌之子李躋，這一結論寫入二〇〇五中國先秦史研究概覽，被林沄先生稱之為這是張福有的「一個發現」。（語見《東北史地》2009年第6期第16頁）。二〇〇五年，張福有兩下洛陽孟津，找到泉男生、泉男產、泉獻誠、泉毖之墓，否定了集安「五盔墳」是其墓地的可能性。二〇〇六年，張福有率先在集安良民庫區發現兩千七百五十三座古墓，得到國家領導人的高度重視，立即派出以國家文物局副局長童明康為組長的專家組到現場考察並代表國家文物局向張福有表示謝意和敬意。經組織全省力量搶救性考古發掘，以珍貴的出土文物為確認張福有此前提出的良民古城是西元二四七年東川王所築平壤城的推斷，提供了重要佐證。發現集安禹山三三一九號墓卷雲紋銘文瓦當殘件並釋讀其全部銘文，得知墓主人是中原命官中郎將，否定了該墓是高句麗王陵。破譯「豆谷」是通溝，亦稱洞溝，破解了國內外高句麗研究史中的百年之謎，被著名高句麗考古專家李殿福先生稱為：「對高句麗京畿地區之地名考釋，張先生是建國以來之第一人」，（語見2007年出版的《高句麗王陵統鑑》專家評鑑第3頁）據此，找到並考定集安禹山〇號墓是琉璃明王陵，其下的梨樹園子遺址是豆谷離宮。繼而考定涼谷是桓仁涼水泉子，赤谷是渾江紅土崖河。定位東川，考定集安蒿子溝（亦稱柴子溝）為「柴原」，蒿子溝一號墓為東川王陵。經考古發掘，亦確認這是一

座高句麗王陵。在集安石廟子發現閔中王所葬之石窟。在集安「五盔墳」首次發現高句麗瓦，確認這一帶是高句麗王陵區。在長白縣二十一道溝發現趙國積壇群。在集安通溝嶺和同和嶺發現「樂善好施碑」及「同和嶺修道碑」，確認高句麗北道初始段走向。在集安丸都山城西的高山尖上首次發現四個高句麗王城瞭望哨。在吉林、遼寧境內新發現六座高句麗山城、關隘和四百多座高句麗墓葬。在遼寧桓仁找到龍山，考定高句麗第一代王朱蒙墓。在西安找到高句麗第二十八代王寶藏王所葬之地在灞東漢唐墓地。在遼寧赤山找到遺失多年的龍潭寺造佛安禪碑。在遼寧海龍川山城東南隅找到人工土山，考定安市城。在鴨綠江左岸發現鴨綠柵，確定了唐征高句麗一段重要的行軍路線。在遼寧瀋撫四環高速公路工地發現一個戰國古城和漢代墓群，建議暫停該工程，採取緊急措施保護了重要文物遺跡。在文獻中找到晉封高句麗官印為七枚。在通榆找到被風沙掩埋的拉戶嘎古城。在鎮賚找到遼道宗春捺鉢駐蹕的雙山：東四方山與西四方山。完整釋讀集安麻線高句麗碑碑文，考定其確切立碑年代是「丁卯歲刊石」即西元四二七年，文物出版社出版了這一重要學術專著，受到國內外高句麗研究人士的高度重視。在東豐發現遼代小城子古城，考定遼源龍首山山城一帶是扶餘國後期王城、黃龍府得名之地、渤海扶餘府，在遼源召開了龍首山及相關遺跡專題學術研討會，得到吉林省文化廳、吉林省文物局的高度重視和與會多數專家、學者的認同。在漫江發現三百三十七年前武默納看驗長白山的古代碼頭遺址、漫江營寨遺址，在楓林發現距今五萬年的舊石器長白山手斧，是國內首例標準的手斧，徹底否定西方的「莫維斯線」，填補了長白山的自然、歷史、文化空白，改寫歷史，轟動國內外。張福有剛出版的學術專著《尋訪額赫訥殷》，被曹保明先生稱為開創了東北民族地域文化學的新學科，是長白山文化的重要讀本。十一年前，張福有創辦了《東北史地》雜誌，兼任七年社長，親自組稿、審稿，開闢了重要陣地，保持了學術話語權，為國家做了重要的學術儲備。他注重從實際出發，身體力行，十幾年堅持田野考古調查，將文獻研究、文物遺跡調查與自然地理環境辨析結合起來，多有創見，正本清源，

糾正誤判，在國內外有廣泛影響，受到學界尊重。張福有向國家主要領導人提出重要建議並得以採納，修改了《辭海》的個別詞條。其學術依據，完全來自於第一手資料。張福有是在東北史地領域有三十餘項考古新發現的實幹家。二〇一二年，張福有榮獲全國優秀科普名家稱號。

著名科普作家——劉華傑

　　在享譽中華大地的燕園，一位溫文爾雅的青年站在講台上，用妙趣橫生的語言，旁徵博引，講述著科學哲學，引導著天之驕子的求學之路；在科技與社會飛速發展的當今時代，一位才華橫溢的青年，坐在電腦旁，用淵博的學識，著書立說，倡導新型的科普理念，揭示自然祕密，備受學術界和科學界的關注。他就是北大哲學博士、科普作家劉華傑。突出的業績，使他入選「教育部新世紀人才」。曾獲霍英東獎、人文傑出青年學者獎、中國國家圖書館文津圖書獎、台灣吳大猷科普佳作銀簽獎等。

　　劉華傑（1966年- ），通化人。父親是中學教員，母親務農。在農村中學學習一直名列前茅的他，一九八一年以全市第五名的成績考入通化市一中。三年後，再次以全市第五名的成績考取北京大學地質學系。其間，他對自然哲學和科學哲學產生了濃厚興趣。在讀研和讀博的六年中，他開始了「自然科學哲學問題」的研究。專門研究過統計物理學奠基中的遍歷問題，以及與非線性動力學有關的歷史、哲學、藝術等。在這方面發表過多篇論文，發現了非線性動力學不穩定性與分離規則MP、休謨及麥克斯韋有關論述之間的關聯。《渾沌語義與哲學》《分形藝術》等著作的出版，在自然科學界影響非常大，成為我國混沌與分形領域的領軍人物。

　　在科學社會學領

▲ 劉華傑在野外考察

域，他研究過「中國類科學」，發明了「學妖」概念；在中國高校較早開設「科學知識社會學」課程、傳播相關理念。提出了科學傳播的三種模型與三個階段的理論，將廣義的科學傳播劃分為傳統科普、公眾理解科學和有反省的科學傳播。認為與它們對應的模型分別是中心廣播模型、欠缺模型和對話模型，並指出這三個模型賴以存在的基礎分別是國家立場、科學共同體立場和公民立場。

他在近些年來的研究中，一直關注博物學。其中，既有二階博物學的理論研究，包括博物學史、博物學編史綱領、博物學認識論和博物學文化等，也有一階植物博物學的親自實踐，帶領一批研究生從事有特色的博物學史研究。

他的主要著作有《渾沌學縱橫談》（合著）《渾沌之旅：科學與文化》《渾沌語義與哲學》《分形藝術》《以科學的名義》《一點二階立場：掃瞄科學》《中國類科學：從哲學和社會學的觀點看》《看得見的風景：博物學生存》《天涯芳草》《博物人生》等。華東師範大學出版社、商務印書館等出版社還出版了他的很多譯作：《湍鑑：渾沌與整體性科學導引》《怎樣當一名科學家》《科學哲學：當代進階教程》《事實、虛構和預測》《玫瑰之吻：花的博物學》等。

他在《中國人民大學學報》《自然辯證法研究》《哲學研究》《北京大學學報》等重要期刊、核心期刊發表論文三十多篇。主要論文有《論自然科學的有限性原則》《熵量守恆定律沒有物理意義》《論渾沌對決定論的影響》《百年非線性動力學渾沌思想簡史》《近代博物學的興起》《關於對因果性一個教條的質疑》《理解世界的博物學進路》《博物學論綱》等。

在《上海科學生活》《科學世界》《人與自然》等專業雜誌上發表科普文章近百篇。其中有《水杉和銀杏》《桔梗漫話》《鵝掌楸》《生態殺手黃頂菊逼近北京》《美味野菜蕹白》《游長白山天池記》《假百合也是百合》等，影響非常廣泛。

書壇巨匠——王銘鼎

　　王銘鼎（?-?），據民間盛傳，民國末年，通化書壇聖手李明湖即將離世之際，對書友王銘鼎說：「以後通化書寫之事就交與你了。」此說於民間盛傳彌久，既聞王銘鼎親述，又有李明湖親屬、山城抗聯史學者劉善業佐證。

　　四保臨江戰役勝利後，各界人士在玉皇山上立烈士塔一座，「烈士塔」三個擘窠榜書碑文即由王銘鼎書寫，成為山城通化的千古留痕。一九五七年，抗日民族英雄楊靖宇將軍陵園落成，毛澤東、朱德、周恩來所獻花圈緞帶輓詞均由王銘鼎書寫。從民國末年至二十世紀八〇年代初的近半個世紀裡，通化山城的大小店鋪、門市牌匾，一律是王銘鼎的字跡。市區乃至周邊縣鄉鎮之牌匾多取王銘鼎之書，王體榜書幾乎占據山城「滿壁江山」。曾幾何時，整個通化山城真個是無王字不書匾，無王體不稱書。通化人書丹是非王書不取，逼得像美術社美工徐雲翔那樣的奉天美院高才生也要學王經營。後來在美術社書寫牌匾的孫玉珍、齊玉華等人也都不得不以王銘鼎為書宗，就連日本人來中國，也以索取王書為快。當年吉林省政府在石人所建大型「階級教育展覽館」館名、展室名及省內數家文堂館所之匾額、碑銘，亦特邀王氏前往書丹，其書名鑿實不菲。

　　正值王銘鼎人書俱老、揮毫正酣之際，「文革」風波興起，王老先生連同他的幾位高徒統統「靠邊站」。但通化人索王書之習俗依然不改。一九八四年，靖宇陵園要更換花圈輓聯，強求王銘鼎之傳人孫文禎重寫；許多舊時由王銘鼎書寫的匾額需要重做，還請其健在的關門弟子齊玉華續書。故此，市區多家機關店鋪門匾至今尚存王氏及其弟子書跡。

　　王銘鼎晚年以鬻字為業，其乃一介匠人，其書僅「匠」字而已，怎麼會堂而皇之地登上了大雅之堂、統領山城書潮了呢？其原因就在於他在雅與俗之間找到了契合點。王氏書法之所以做到了雅俗共賞，在於他以深厚的傳統書法功

力與書卷印刷中的仿宋體美術字完美結合，演變成一種寬博厚重、滑姿流暢的實用榜書。這一創新，已非量的積累，而是質的變革了。王老先生雖早已過世，但他在烈士塔上的題字卻與毛澤東、周恩來、朱德之題詞相映生輝，千古留存。其雄強之翰墨與雄偉的高塔合璧，仍為通化山城一大人文景觀。

▲ 王銘鼎在玉皇山烈士塔上的題字

▌以小楷名揚中華的書法家──于學仁

「通化于湜之先生，乃忠厚之長者，恬淡閒適，不求聞達。學書數十載，唯小楷情有獨鍾，用力亦最深，其書浸淫王佑軍最為久遠，老而彌篤，頗得好評。是以筆下能傳王書神韻，亦不乏個性，近觀其小楷書，莫不點劃振動，意氣飛揚，誠所謂君子合而不同者也。」這是中國書協理論委員會副主任、省書協副主席文中俊為《于湜之小楷書三都賦》寫的題跋，更是對他藝術人生的真實評述。

于學仁（1938年- ），字湜之，號臨江子，吉林省臨江市人。任職於通化鐵路分局，一九九四年在文聯副秘書長崗位上提前退休，專心研習書畫。曾任中國鐵路書協常務理事兼展覽部主任、吉林省書協理事，現為中國書協會員、

▲ 于學仁

通化市書協顧問、日本國立書道院特聘教授。

少年時就跟隨祖父（于紹卿）臨習書畫。參加工作後，又遍習諸家名帖，日書千字，學養與操守皆蘊涵在胸、凝於筆端。濃墨素紙盡展人品之端正、寬厚、謙和、嚴謹、深邃，漸漸書法諸體皆能為之，尤以小楷為最精。小楷書先後臨習晉唐宋明清及現代諸家，數十年臨帖不輟，同時廣結書友，取長補短，遂自立風格，自成一家。

二〇〇三年，他在六十六歲生日之際出版《于湜之書法集》，所刊六十六幅作品融真、草、隸、篆、行，或凝重端嚴，或清俊飄逸，或勁利灑脫，或和平簡靜，或妍美婉麗，或高古淳樸。其書法之風韻、氣質和審美已入佳境，自成一格。

小楷書李清照《金石錄序》入展第四屆全國書法展；小楷書《千字文》入展第五屆全國書法展；《後金石錄序》入展第六屆全國書法展；小楷書蘇軾《三篇記》入展首屆全國正書展；小楷書《書譜》入展第二屆全國正書展；小楷書《石鐘山記》入展首屆全國扇面展。此外，許多作品在美國、新加坡、日本等國家及香港、台灣地區收藏。央視三套「燦爛星空」對其專訪，於二〇〇四年五月二十七日首播。

小楷書《正氣歌》獲吉林省紀念毛主席《在延安文藝座談會上的講話》五十週年藝術節一等獎；小楷書「三篇宋詞」獲吉林省書畫精品展覽銀獎；小楷書《赤壁賦》獲吉林省群星展一等獎；小楷書《赤壁賦》獲吉林省慶香港回歸書法展一等獎；小楷書陶淵明《桃花源記》獲吉林省慶祝建國五十週年書法展一等獎、篆書「唐詩一首」獲吉林省黨政幹部書法展一等獎、小楷書《蘭亭序》入編《吉林省五十年文藝作品》；河南美術出版社出版《標準鋼筆字典》，天津楊柳青畫社出版小楷書《三都賦》，時代文藝出版社出版鋼筆字帖《毛澤東詩詞》。

書畫為心，心正則字正。幾十年來，他潛心書畫，不求聞達，唯自樂自足，然其小楷書法卻聲名遠播，譽滿關東，名揚中華。

▋不懈追求的書法名家 —— 王鐵成

二〇一三年四月十一
日，第四屆中國書法蘭亭
獎頒獎大會在浙江紹興博
物館隆重舉行。通化市書
法家王鐵成摘得佳作獎。
站在一千六百年前《蘭亭
序》誕生的土地上，緬懷
天下第一行書的鼻祖王羲
之，習書近半個世紀的王
鐵成感慨萬千。

▲ 王鐵成

王鐵成（1953年-　），輝南縣人。一九七三年參加工作，二〇一三年從通
化市城建局退休。一九八九年，憑藉紮實的書法功力和藝術成就加入中國書法
家協會。是省書法家協會理事、創作評審委員會委員、市書法家協會副主席。
二〇一〇年被中國書法家協會評為中國書法進萬家先進個人。

王鐵成出生在一個知識分子家庭，自幼習書。初中畢業後回鄉插隊，繁重
的體力勞動和艱苦的農村生活沒有磨滅他對書法的熱愛。田間休息時，他時常
拾起樹枝草棍兒在地上寫，冬日裡就在雪地上練。習書不僅緩解了疲勞，也使
他萌發了對藝術的追求。後來招工到通化，他把業餘時間全部用在學習書法
上，幾十年來從未間斷。他先後臨習了柳公權、歐陽詢、褚遂良、虞世南等楷
書大家的碑帖；臨習了王羲之、米芾、董其昌、蘇軾等名家的行草墨跡。每當
夜深人靜之時，面對古人的碑帖細細揣摩，慢慢感悟，心追手摩，沉浸其中。
他臨魏晉碑刻，注意吸納其點畫爽利、俊朗蒼茫的風韻。臨習王羲之《蘭亭
序》，注重吸納其疏朗飄逸、秀麗典雅、雋永靈動的書風。臨習先賢碑帖，王

鐵成力求形神兼備，領會其風神，汲取其精華，師古而不泥古，又力求表達現代人的審美與追求，從而形成了他自己的風格：楷書於工穩中見靈動，勁健中見稚拙；行草注重合於古法，得於心源，力求用筆恣肆飛動之中見渾厚華滋，結構縱橫開闔之間具自然安詳，在線條的流動中抒發內心的情感。

他習書多年，積下非凡功力，涉獵多種書體，尤以行草和楷書見長。最為精彩的是中楷和小楷，在行筆上汲取了碑帖的內在骨力，線條語言既有唐人的法則，又有魏碑的風韻，使筆如刀的勁挺與圓筆中鋒的柔秀集於一身。觀賞他的楷書作品，一筆一畫經得起仔細推敲和琢磨，可謂筆筆到位而不苟且，方筆與圓筆轉換自如，內斂與外拓處理得當。他還十分注重字外功的修練，包括對藝術的感知、學養、閱歷、格調、胸襟、情趣等，力求將這些非技法因素而凝結成的「書法意識」融入書法創作之中。為了達到這個目的，他不斷在知識的海洋中艱苦探求，以彌補學養的不足。此外，他還注重從音樂、美術、大自然等方面吸取藝術元素，不斷豐富自己的書法創作。

在通化，目睹過他書法的人很多。玉皇山公園大門旁那幅楹聯，以其恣肆飛動、渾厚華滋的美感與我國書法界泰斗啟功先生的手書互相輝映、相得益彰，受到了省內外文化藝術界人士和無數觀賞者的讚歎。市委機關報《通化日報》的報頭是他二十世紀九〇年代所書。多年來，他先後獲得「敦煌國際書法藝術節百傑獎」等多個獎項，近二十次入展由中國書協舉辦的正書展、行草書法展、楹聯書法展、冊頁書法展等大型展覽。二〇〇三年，中央電視台和中國書法家協會聯合舉辦首屆「杏花村杯」全國電視書法大賽。在近六萬件參賽作品中，他以千分之一比例進入決賽。經過現場創作和綜合素質考核，摘得了楷書類銅獎。在「紀念鄧小平誕辰一百週年全國書法大展」上，他再次把銅獎捧回。二〇一二年，中國書協會員百人精品展在山西臨汾舉行，他以北魏墓誌風格創作的書法作品再次進入精品展行列。

中國書法蘭亭獎是中宣部批准、中國文聯和中國書法家協會聯合主辦的全國性書法專業獎，也是中國書法藝術界最高賽事，每三年舉辦一次，僅在中國

書協會員中徵稿，競爭十分激烈，入展及獲獎更為不易。而他的作品竟出現在二〇〇二年的首屆和二〇〇九年第三屆中國書法蘭亭獎作品展上。二〇一三年，已經六十歲的王鐵成又參加了第四屆蘭亭獎的角逐。他創作的《阮籍詠懷詩十四首》楷書四條屏，近千字的內容，從設計到書寫一氣呵成。整幅作品格調清雅，氣息暢達，受到評委的一致好評，成為全省僅五位獲獎者之一，為通化申報「書法之鄉」增光添色。

現代派書法藝術的追求者——馬有林

在國運昌盛、書法創作活躍的當下，理論普遍認為「立象以盡意」是書法藝術的最高境界，也是客觀上中國書法應遵循的根本原則。品味馬有林的作品，這種氣像一目了然地呈現出來。

馬有林（1967年-　），輝南縣人，現為通化師範學院美術系書法教師、中國書法家協會會員；吉林省書法家協會理事、創作評審委員會委員；市書法家協會副主席、通化印社副社長、市民盟書畫院院長。

馬有林最初接觸書法是在一九八七年海龍師範學校任教時。他的老師是新中國成立前畢業於師道學校的一位老先生。長者不僅授其技法，而且教其做人的道理：藝是技，做人是道。技可雕琢，道卻不可粉飾。先生的話讓他受益終生。於是，他習書，崇尚風骨；做人，恪守誠信。

他學書屈指算來不到三十年，但深悟其道。首先是書法本體上的識見：一二種字帖守殘終生，名謂只有深入一家才能兼涉八體，理論上講得通，實踐上卻參化不悟，是謂少見之一；遍臨百帖但卻淺嘗輒止，無一深入，見多不只以數量計，更要注重質量上的提純，此謂少見之二；過度關注筆墨技法的磨煉與精熟，削弱對書史、書家、書論、書體流變的承繼與研究，是謂少見之三。中國書法柔毫千轉、提按騰挪中包含了天人之造化與感悟。多年來他游弋在深邃的傳統之中，變得平和、恬淡、清雅。

▲ 馬有林

他認為，一個人的稟賦、才學、修養、閱歷、性格乃至氣質總是在其作品中有或多或少的體現和流露。豁達、寬厚者不會用筆輕滑虛浮；苟且、狹隘者其用筆常少見廣博、宏闊之氣。本分之人心無雜欲，非分之人功利盈懷，訴諸筆墨總會有些許差異。有了這些見解，他便謹遵學書之人天分二、識見三、學養五，三者交合日臻此境。

　　二〇〇四年八月，中國書協主辦「紀念鄧小平誕辰一百週年全國書法大展」，在全國高手如林的情況下，他這個青年教師卻捧回了一等獎。他的字氣韻橫飛，清新蓬勃，充滿生命力，贏得評委青睞是在情理之中的，但其中他自撰的詩聯在此也功不可沒。這副聯語言很平實：「開放帶來富裕，改革送走貧窮。」而長款是：「小平您好道心聲，青史功垂留美名。設計宏圖撥靄霧，揮斥聖手展才情。改革民富家家樂，開放國強處處興。港澳回歸圓汝願，中華一統慰平生。」自作詩意境深遠，耐人尋味，字體清麗娟秀，參差錯落，為整幅聯平添美感。加上文學上的才情，進一步豐富了筆墨，使他出類拔萃，獨占鰲頭。

　　從一九九八年他的作品入選「全國第七屆中青年書法、篆刻展」開始便一發而不可收，每年都會有一至兩件作品入選參展。至今已先後四十餘次參加由中國書協舉辦的「羲之杯全國書法展」「全國百家書法精品展」「全國首屆大字展」「全國書法五百強展」「全國千人千作展」「敦煌杯全國書法展」等高規格大展，曾獲得「首屆中國書法蘭亭獎創作獎提名獎」「新世紀全球華人書法大賽金獎」「走進青海全國書法大展」優秀獎、「洗夫人杯全國書法展」優秀獎、「三晉杯首屆公務員書法大展」二等獎、「紀念建黨八十五週年全國書法展」三等獎、「第三屆全國扇面書法藝術展三等獎」等獎項，成為令同行們羨慕的「國家級得獎專業戶」。

　　另有多幅書法、篆刻作品和論文等發表在《中國書法》《書法》《書法導報》《書法世界》等專業刊物上。

青年書法才俊——董慶林

剛進不惑之年的董慶林，在書法藝術的天地一路走來，邊行邊歌，成績驕人。他相信：書道者定能筆歌墨舞；傳道者定會桃李芬芳。《董慶林書法集》《董慶林書九成宮》等三本由吉林人民出版社出版的專著，在省內外美術界中引得好評如潮。翻閱欣賞，均以為出自學養深厚、老成持重的長者之手。

董慶林（1974年-　），撫松縣人，一九九五年參加工作。現任通化市書畫院院長、中國書法家協會會員、省書法家協會理事、市書法家協會副主席兼秘書長、市青年書法家協會主席。二〇一一年被中國書法家協會評為「中國書法進萬家先進個人」。

董慶林自幼迷戀書法，然而在撫松縣偏僻一隅的農家，父母因家境貧寒無力為他置辦筆墨，他便以柳枝為筆，以大地為紙，以帖為師，臨習不輟。他開

▼ 董慶林

始習字時只有一本柳公權的《玄秘塔》，習之既久，帖已破爛不堪。雖不得柳字之全貌，卻積下了些許功力。二十世紀九〇年代初，他入渾江師範學習，眼界大開。二〇〇〇年進修於首都師範大學，獲書法專業碩士研究生學位，其書藝更為純熟。多年來，董慶林習書兼收並蓄，中國五大書體皆通，心追手摩，不拘一格，融合形成了玲瓏飛逸、爽朗多姿的氣勢。他楷法多取歐、褚筆意，摻雜始平公造像、鄭文公、張黑女等碑，追求飄逸靈動之氣。小楷取法二王為路，後學黃道周筆法，表現一種飛動秀潤之美。行書以朱、黃為基，兼習米芾、趙孟、李邕，章法遵循董其昌之意，以婉轉清新淡然為美。草書以于佑任為基，直取黃庭堅、懷素，參以書譜筆意，達超妙自得、茂密爽朗之味。隸書則多以清人風格為主，從筆墨的飛動中表現出不同的藝術趣味，「達其性情，形其哀樂」。篆書專習鄧石如，感受用筆章法的高古，豪爽無羈，表現出遒勁中溫婉、矜持中恣肆的書風。在對古人的學習中不斷汲取養分，在不倦的學習中取得了長足的進步。

由於董慶林把理想和抱負寄託在管筆之上，多年潛心躬行、日課不缺，飽覽書林春色，盡得魏晉風流，終使他成為我省書苑中少見的青年才俊，書界難得的載道與傳承者。在學校任教時，為了方便教學，他編著了《如何學習硬筆書法》《臨習九成宮醴泉銘》《董慶林書千字文》和中小學生的《寫字》等教程。十多年來，其弟子數以千計，先後有五百多人次在全國及省級青少年書法大賽中獲特等獎及一、二、三等獎；他也被授予全國特等輔導教師稱號。他還十分重視成人及老年的書法培訓。在鐵路老年大學任教十二年，在市老年大學任教六年，並成立了「慶林書法培訓中心」，義務為各年齡段的書法愛好者提供指導。特別是在老年書法教學中，他傾注了大量心血，每一堂課都認真講解，不厭其煩地示範演示，針對不同學員的學習進度、臨習方向，展開不同的輔導，使學員在書法藝術上得到長足的進步。

經過多年的勤學苦練，探索鑽研，董慶林逐步形成了自己的風格，書法作品受到各界人士的熱烈歡迎。他的楷書作品被通化市政府作為文化禮品贈予國

外客商；行草蘇軾的《赤壁懷古》深受韓國書畫界人士賞識，被廣泛讚譽。多幅作品被日本、新加坡、美國友人和國內有識之士購買、收藏。

作品入展全國第九屆書法、篆刻展，首屆全國青年書法展，中國書協會員優秀會員作品展等三十餘次。有十三幅作品在《書法報》《青少年書法》等報刊發表。曾獲「中國青年書法二百強」稱號。在中國書法家協會培訓中心成果展中獲三等獎，在「金鼎獎」全國書法大賽中獲銀獎，作品收入《中國書法名人大典》。

在書法藝術的空間裡，董慶林飽含深情一筆一畫地書寫著對生活的理解和熱愛。也正是對「顏骨趙姿」的不懈追求，讓他一路高歌猛進。

▲ 董慶林書法作品

著名淡彩沒骨派畫家──姜也

二〇〇七年一月，時任中國美協常務副主席、黨組書記劉大為率領十名美術家赴美，將中國四大國粹之一的國畫帶到了大洋彼岸。代表團足跡遍布十幾個州，並在舊金山等地的多個藝術中心舉行了《中國當代國畫名家作品展》。通化山城走出的畫家姜也就是其中的一員，他以獨具鮮明特色的「淡彩沒骨法」把中國畫推上更新的藝術境界，向美國民眾展示了東方之美。

姜也（1954年- ），集安人，首都師範大學畢業，中國美術家協會會員，國家一級美術師，中國散文學會會員。現任文化部美術創作基地國畫研究中心副主任、長春市美協副主席、吉林省美協理事及理論委員會秘書長、中國美協《中國美術家大典》編委、中國城市藝術專業委員會副主席等職。二〇〇五年被國務院科技獎勵辦公室授予「優秀人民藝術家」稱號。

姜也從孩提時代就在曾是私塾先生的外公指導下背誦唐詩宋詞，研習書法繪畫，接受諸子百家思想精華的薰陶。一九七二年投筆從戎，幸運的是有著良好繪畫基礎的他成為當時赫赫有名的「戰士創作組」成員，第一次亮相便在全軍畫展中拿到一等獎。復員後，先後師承李世南、范曾、周韶華等當代著名大家。他以推動中國畫發展為己任，歷經多年的艱辛努力與探索，將南宋梁楷提出的「沒骨法」作為終生研究課題。上溯魏晉風骨、漢

▲ 姜也

唐氣象，從中汲取古代文化遺韻；下接古人前賢，轉益多師為吾師，對他們的技巧技法深入研究臨習，九轉丹爐，廢稿盈丈，最終形成了既不同於古人又有別於今人的獨一無二的個性繪畫形式和筆墨技法——淡彩沒骨法，創出了高華淡雅、空明嫻靜的繪畫形式，並做到了從新技法的完善到理論體系的建立，被稱之為開宗立派的學者型畫家，引起美術界、學術界以及收藏家的普遍關注和青睞。

他的畫十分重視骨法用筆，將傳統繪畫的墨分五色轉為在淡墨色階中實現濕、潤、乾、枯、澀之墨法與筆法，把傳統的技法與新試驗的技法相統一，將放大線條變成墨塊，以塊面來塑造形體，使畫面產生淡而厚、淺而蒼、拙而雅、靜而樸的效果。他的繪畫素材多來自漢唐時期的古典造型。畫中多漢唐仕女、高士、稚童、老嫗，伴有侶鶴，或賞菊、聽香、引簫、執卷，皆靜穆高華，孑然獨處，略有所思，氣質典雅，雍容大度，超凡脫俗。

▲《姜也吟懷》

他的畫依託於博大精深的傳統文脈為基石，繼承了傳統「文人畫」的文化精髓，主張「哲為畫魂、詩為畫境、書為畫法、印為畫意」，將詩書畫印文史哲有機地融會貫通，以深邃的哲思言志，以曼妙的詩情暢懷。加之在印學方面的造詣，使他將傳統「文人畫」重寄情言懷，利己濟世的積極進取思想發揚光大。有專家評論他的畫具有攝人魂魄的無窮魅力，是將哲理與詩情凝結成一種淡淡的宗教情懷再娓娓道來的智慧靈光。

他的詩與畫異體同功，相互映襯，「詩中有畫，畫中有詩」。追求詩書畫印合璧，相映成趣。即便沒有題詩的畫，且詩已在畫中湧動，詩境已隱藏在畫中。

姜也在國內外報刊上發表繪畫、書法、篆刻、詩詞、文藝評論等兩千餘件。有大量作品在國家級大展中展出並獲獎。《雨菡圖》獲二○○四年全國中國畫提名展金獎；《環境憂思錄·家園篇》入選中國畫三百家大展；《十月參鄉人正忙》入選二○○二年全國中國畫大展；《民俗文化啟示錄》獲二○○四年全國中國畫作品展優秀獎；《白山秋月》入選第二屆中國人物畫展；《太祖遺風》獲中國歷史文化名城書畫大展一等獎；《寒江游》獲中華扇面藝術大展銅獎。出版個人著作及畫集：《姜也吟懷》《周韶華藝術論》《姜也畫集》《姜也專集——沒骨法寫意人物》《姜也線描人物》《當代中青年畫家精品系列·姜也》等十餘部。二○一四年由天津人民美術出版社隆重推出《大紅袍》系列畫集。該畫集素以選題嚴格著稱，入選者均在中國近現代美術史上占有一席之地。姜也的入選，標誌著他的創作具有里程碑意義，也將讓他的家鄉通化引以為榮。

追求質樸與真情的書畫家 —— 張志靈

　　質樸和真情，是他永遠的追求。在半個世紀的書畫人生裡，他視質樸和真情為藝術家的美德，為藝術作品的生命。他用自己整個心靈去愛戀藝術，攀越雄奇的水墨藝術高峰、並將質樸和真情融入其中，使之成為書畫恆久的風韻與靈魂。他就是書畫家張志靈。

　　張志靈（1954年-　），通化市人，中國美術家協會會員、中國書法家協會會員、吉林省書法家協會副主席、中國長白山美術家協會副主席、吉林省美術家協會常務理事、通化市美術家協會主席、市書法家協會常務副主席、市書畫院原院長、市美術館原館長、國家一級美術師、九三學社社員、通化市政協委員、通化師範學院客座教授。

　　六十年前，張志靈出生在二道江區鴨園鎮一個半工半農的家庭，身為礦工的父親沒有多少文化，卻寫得一手好字，也給了他研墨懸腕的書畫契機。許是老人家傳給了兒子先天基因，張志靈在很小的時候就表現出良好的書畫天賦。

▲ 張志靈

父母也夢想兒子將來能成為書畫家。誰知他高中畢業後，同那個年代的無數學子一起失去了求學的機會，匆匆背起行囊走向了更偏遠的農村。艱苦的生活和繁重的勞動並沒有阻礙他與古人書聖神交心會，常常信手塗鴉，伏案

臨帖。日復一日，堅持不輟，筆下草紙成堆，小屋開始滿室生香。

一九七三年，他的命運出現了轉折，被招工到了洗煤廠。由於善畫能寫，他從工人走上代幹崗位。後來，生活和志趣契合，輾轉成為市印染廠設計師，又到汽車公司工會搞宣傳，直到一九九八年調入市書畫院成為專業畫家。他沒有走進正規大學的校門，可他深諳「勤能補拙」的道理。加上曾到大連紡織工業研究所深造，後來又考入中國書畫函授大學自學。先後師從李世南、甘雨辰、叢文俊、李剛田等書畫名家，這猶如為他的騰飛插上了翅膀。

五十年，匆匆如白駒過隙。張志靈的作品愈發質樸、真情、老道，與他的性格一樣：求個性、多形式、重內涵。他的書法作品不拘一格，在揮灑之際得大自在，每有心情，意到神隨。尤其行草，搖曳多姿，意態生動，在洋洋灑灑中透露出清逸疏朗之氣。他的大寫意花鳥，作品構思精巧，形象簡練概括，氣韻生動。構圖往往採用大黑大白對比的手法，筆墨縱橫，酣暢淋漓，耐讀耐看。他的篆刻風格古樸蒼勁，粗獷厚重，善於變化，大刀闊斧。讓人感動的是那方寸之間的印文，如「半村苦童」「出門一笑大江橫」等，恰是張志靈個性、命運與心智的寫照。其書法、繪畫和治印作品多次參加全國和省市重要賽事活動，每每有大獎捧回。

出版專著主要有《張志靈書畫作品集》《張志靈書畫集》《張志靈水墨世界》《翰墨流香——張志靈書畫五十年之旅》等。書畫作品曾在《中國書法報》《中國書畫報》《蘭亭雅韻》《藝術與繁榮》《大家名家》《中國藝神》等多家報刊發表，並被收入《中國當代書畫名家作品集》《中國當代書畫名家翰墨精品集》《中國藝術經典收藏》。二〇一〇年被中國書法家協會評為「書法進萬家先進個人」。二〇一三年六月二十二日在北京翰海（八十一期）精品拍賣會上，他的國畫作品《荷花送香氣》《白山冬野圖》均以不菲價格成交。同年七月二十七日，在北京保利第二十三期精品拍賣會上，國畫作品《吉祥家園》《白山秋韻圖》同樣以不菲價格成交，得到廣泛讚譽，產生較大影響。

獨樹一幟的哲理漫畫家──程遠

2006年，四川出版集團旗下著名的巴蜀書社一次性推出《程遠醒世漫畫》《程遠警世漫畫》《程遠喻世漫畫》三本漫畫集。我國著名的漫畫界泰斗、時年九十歲高齡的華君武先生親自題寫書名，台灣著名作家、詩人席慕蓉為該書作序，在出版界引為佳話。可以說，中國的讀者，幾乎每天都有人讀到程遠的漫畫，在各種報刊上，在網絡上，甚至在電話卡上……有人稱他的哲理漫畫為「當代菜根譚」，警示了一代人，教育了一代人。

▲ 程遠

程遠（1954年- ），本名程伯承，集安人。曾任集安市文聯主席。中國作家協會會員、省美術家協會理事、省漫畫家協會副主席。獲省總工會頒發的「自學成才」獎。

在中國曾經歷過的那個動盪年代，程遠剛讀完小學就因父親所謂的歷史問題而不得不到生產隊當社員。可求知的慾望之火在他那顆躁動的心中從未熄滅。二十歲時接班到林場當伐木工人。即使在那艱苦的環境中，在那繁重的勞作之餘，也從未放下手中的書，從未放下手中的筆。他寫文章、學畫畫，很快，在文學創作方面已是聲名鵲起。隨著文化積澱和人生閱歷的豐厚，越來越成熟的他常把現實生活中的某些感悟，經過提煉而形成格言警句記錄下來，日積月累，竟有萬餘條。後來，他嘗試著把那些寓意深遠、啟人心智的句子與漫畫相結合，使他的創作得以昇華為別開生面的圖畫。「哲理漫畫」這個概念是

守规则的人才走得远。

约你逃会的是你的情人，来探监的是你的老婆。

人的欲望是相同的，不同的是把握欲望的能力。

鱼儿的醒悟大都产生在落进鱼篓的一刹那。

▲ 程遠警世漫畫

他通過深刻的感悟提出來的，並最早亮出了自己的旗幟。首先接受這個觀點的是《人民日報》《解放軍報》《中國青年報》《中國漫畫》《中國剪報》和香港《大公報》《文匯報》等多家權威報紙、雜誌的編輯，不間斷地選發、刊登，在海內外擁有眾多讀者。百餘家報刊特為他開設了專欄。天津《今晚報》從一九九七年開始，在「人間寫意」專欄，每週二發一幅他的彩色作品，至今已連續十八年之久。

他的漫畫採用了中國畫的章法和布局，使用簡單的線條，結合現代的繪畫技巧，將內涵豐富的人生哲理寓於淺顯的故事之中。深刻的寓意反映著社會上的種種常見現象，接近現實生活也反映一種社會風氣，為讀者捧出了一道雅俗共賞的營養快餐。無論是市井百姓還是商企界白領，無論是當代軍人還是知識分子，都喜歡品嚐。那是因為他是在畫「思想」，或者說他讓「思想走進了形象」。讀著那簡簡單單的文字，看著那一目了然的圖畫，像是一種傾訴，一種喃喃自語，有時空靈含蓄，有時親切樸實。不管是諷刺、歌頌，還是揭示、勸誠，都讓人覺得真，覺得美，覺得善，不經意間讓讀者接受了一個或大或小、或深或淺的人生哲理。

他興趣廣泛，文史哲修養全面，著有散文詩集《邊陲雪》、散文集《走出森林》。但漫畫的數量最多，影響最廣。二〇〇一年，四川人民出版社推出了他的第一本漫畫集《懶得糊塗》。獨樹一幟的表現形式和所揭示的深刻內涵，成為很好的「廉政」教材。二〇〇九年，通化市紀檢委以「廉政檯曆」的形式，推出他的漫畫作品三百六十五幅，印刷量達一萬冊，對全市黨員幹部起到了很好的教育警示作用。為慶祝建國六十週年，坐落於北京的千年古剎「雲居寺」，一次性展出他的精品力作五十八幅。著名漫畫大師方成、徐鵬飛等人為展覽題名，寄去畫作表示祝賀；北京市委宣傳部還把這個漫畫展列為「北京市二〇一〇年春節系列活動」之一。在吉林省已舉辦的四屆漫畫作品展中，他多次獲二、三等獎、優秀獎。二〇一三年，由中紀委、中國美協聯合舉辦展覽，在全國徵集廉政漫畫作品一百件，他的《不為誘餌所動的魚才是永遠的魚》《人

的慾望是相等的，不同的是把握慾望的能力》等四件作品獲獎。吉林省紀委、監察廳聯合主辦的刊物《浪淘沙》，從二〇一四年第一期開始，每期在封三上刊登他的三幅作品，已連續出版了六期。

長白山著名花鳥畫家──黃千

二〇一一年，黃千作為學科帶頭人，以其學術研究具有重大科學價值、學術水平在本省乃至全國處於領先地位，並得到同行公認的突出業績，躋身於吉林省社會科學研究「十二五」規劃文學學科專家之列，可謂實至名歸。

黃千（1964年- ），輝南

▲ 黃千

縣人，現為通化師範學院美術學院院長。他是中國美術家協會會員、省美術家協會理事、省政協長白山書畫院院士、市政協書畫院院長。

從小受過良好美術教育的黃千，憑著勤奮加天賦，實現了自己的夢想，大學畢業後以優異的成績留校做了美術教師，從此邊教學邊畫畫。儘管教學和創作任務繁忙，他也不循規蹈矩走常人的路子。他知道，浩瀚的長白林海生長著數千種植物，繁花似錦，青藤如織。由於歷史和地理等多種原因，那裡是歷代花鳥畫家不曾到過的動植物王國，也是沒有經過人類污染的花鳥世界。長白山區的風物滋養了他的靈性，也開啟了他對自然的感悟與敬畏的心扉。於是苦苦探尋花鳥題材的地域性表現問題，便成了他追逐的目標，對長白山花卉線描研究便成了他的主攻方向。在二十多年的美術教學與藝術實踐研究中，他無數次走進這座大山，感悟自然，探尋花鳥繪畫的創作規律。特別是一九九九年秋從中央美院中國畫系花鳥畫室研究生班畢業後，他更是全身心地投身於長白山花鳥畫的創作與理論研究。

他深諳「一切藝術都來源於大自然，來源於人生的體驗，創新唯一的道路

就只有重新回到大自然，回到藝術創作的源頭去尋找突破口」的道理。他所表現的長白山地域花鳥大都是來源於對生活和大自然的寫生，通過對客觀事物反覆觀察後賦予個人情感昇華，從而獲得豐富的主題思想和表現靈感。求新求變是他的藝術追求。他的花鳥畫以堅實的線描為基礎，很大一部分作品都運用了自己根據所表現的對象創造的「特殊技法」，使作品有一種真實感和新鮮感，從審美和繪畫觀唸到藝術表現手段都有了全新的創造，掌握了前人沒有發現的規律，從而產生新的藝術境界和表現形式。通過大量的進山寫生（線描）研究，對長白山中的典型植被有了深刻的認識，同時創作了大量的作品。

他的畫運筆自然率真，著色天然暈染，使得整個畫面富有生命的色彩，不但有直覺美，更給人以詩意美。他把想像留給了讀者，把美孕育在回味中。他

▲ 黃千在查閱資料

獨自創作的以表現長白山花卉題材的作品參加全國美展達九次之多。其中《花蔭私語》在「中國書畫名家大展」中榮獲金獎，《秋葵》在文化部舉辦的「中國畫、油畫大展」中獲優秀獎，《紫氣》在全國新時代中國畫作品展中獲銅獎。有多幅作品被中國美協和中央美院等學術單位、專業院校收藏。先後在《美術》《美術大觀》發表《謝穗的玉米稈》《寒氣襲來果更黃》等花鳥畫作品二十餘幅。《吉林日報》和《美術大觀》雜誌專題介紹了黃千的「長白山花鳥畫」。

近年來，他先後主持完成吉林省社科規劃重點項目《高句麗美術史研究》、吉林省教育廳規劃項目《高句麗古墳壁畫美術風格技法研究》和《地方高師院校美術教育專業課程體系建構研究與實踐》等科研項目。在專業刊物《美術》《美術大觀》發表論文《略論長白山滿族民間剪紙的視覺美感》《長白山花鳥畫創作方略》。另有《高師美術教育專業教學改革的實踐探索——以花鳥系列課程的教學實踐為例》《松花石設計雕刻人才培養方略與實踐》等二十多篇論文在《黑龍江高教研究》《社會科學戰線》等刊物上發表。其中《論長白山滿族民間剪紙的視覺美感》在吉林省教育廳第二屆高校視覺藝術大賽中獲論文類一等獎。先後出版專著《黃千花鳥畫集》《長白山花卉線描研究》《高句麗美術史研究》三部，其中《長白山花卉線描研究》獲省社會科學基金項目優秀成果著作類三等獎。

憑藉著對長白山花鳥畫的獨特研究成果和豐厚的積累，黃千已進入「中國實力派書畫家」之列，得到了國內外繪畫界同行們的認同。作品已打入中國內地極具盛名的「保利拍賣」，並且在京津和沿海地區有著廣闊的市場。

長白山人參文化研究專家——孫文采

　　既是文化學者，又是民俗大家，還是高校教授，為通化的地域文化建設做出了重要貢獻。他就是長白山人參文化研究專家、中國民俗學會會員、中國民間文藝家協會會員、吉林作家協會會員孫文采。

　　孫文采（1936年-　），吉林省長白縣人。一九五九年畢業於東北師大中文系專修科。先後在渾江市（現白山市）三所中學任語文課教師二十餘年。一九八〇年八月調入通化師範學院中文系，教文選、寫作課，兼編《通化師院報》。之後又教民間文學、民俗學和人參文化課。一九八二年秋赴北京師大、北京大學進修民間文學和民俗學；一九九〇年再赴北京師大做訪問學者，曾被

▲ 孫文采

邀請到國家教育部講授人參文化課，深得好評；曾被聘為北影《山神》劇組民俗顧問。他在《通化師範學院學報》《人參研究》《民間文學》《民間文學論壇》《民間文化論壇》《中國語文》《社會科學戰線》《西北民族研究》《東北史地》《北華大學學報》《重慶大學學報》等刊物發表多篇論文；專著有《中國人參文化》《中國人參文化（增訂版）》《長白山民俗文化》《長白山民間文學概要》《劉建封評傳》；《中國人參文化》一書榮獲吉林省政府三等獎；主要著作有：《文章構成法》（副主編），《人事春秋》（副主編）；參編有《大學寫作基礎》《民間文學教程》《中國民間文學集成》《中國歌謠集成》《中國民俗趣談》；校注《長白山江崗志略》。

　　《中國人參文化》一書出版後，新華社、中新社分別發了通稿《中國第一部人參文化專著問世》。《人民日報·海外版》《中國特產報》、香港《明報》《新晚報》、泰國《新中原報》《京華中原聯合日報》、菲律賓《菲華時報》、美國《國際日報》《僑報》等三十餘家新聞媒體和專業報刊做了報導和評論。清華大學李學勤教授稱：「大作以參為象形字，發前人所未發，自成一說，實在是創見。」上海中醫大學王筠默教授稱：「大著對於學術界之偉功，可說是振聾發聵，蜚聲千秋矣。」著名的民族學家富育光先生稱：「此書是我國當今人參文化研究之巔峰之作。」

　　一九九九年應香港中文大學邀請，作為嘉賓出席了第九十九屆國際人參大會。二〇〇九年被撫松縣聘為「吉林人參文化基地學術帶頭人」。二〇一一年被吉林省人參商會授予「長白山人參文化大師」榮譽稱號。他的名字已收入《中國寫作教育家》《中國現代民間文學家辭典》《中國當代人參專家》《中國當代藝術界名人錄》《世界名人錄》中。

滿族民間美術掘寶人 —— 王純信

　　長白山是滿族文化的發祥地，有著豐富的非物質文化遺存，滿族民間美術就是其中的藝術瑰寶之一。王純信從事長白山滿族民間美術發現、保護、研究長達三十年，成為名副其實的滿族民間美術掘寶人，先後被中國民間文藝家協會與聯合國教科文組織授予「一級民間工藝美術家」稱號，被文化部授予「民間美術開拓者」稱號，被吉林省人民政府授予個人二等功。

　　王純信（1939年至2013年），滿族，通化人，教授，曾任通化市群眾藝術館副館長、通化書畫院副院長。一九九一年起到高校從事美術教育，任通化師範學院美術系主任。二〇〇三年以後，任該校中國滿族民間美術研究中心顧問。是中國美術家協會會員、中國民間文藝家協會會員、吉林省滿族剪紙研究

▼ 王純信

▲ 王純信民俗專著

會會長、通化市美術家協會名譽主席。在中國民俗2006年會上，被選為「非物質文化研究、教育委員會」副會長。

　　1982年，王純信在通化縣發現幾幅題材獨特、剪技獨特的剪紙。經分析辨識，確認這是滿族的民間剪紙，隨即走訪了剪紙的作者，並在省級學術刊物發表了第一篇有關剪紙的論文，「滿族剪紙」一詞公之於世。同年秋，他又在通化市東昌區治安村發現第一對滿族枕頭頂刺繡，從此開始了挖掘、尋找、研究滿族民間美術的征程。

　　對於民間非物質文化遺產保護，首先是進行科學的田野考察，然後是研究與保護。在這方面，王純信付出了極大的努力。田野考察，第一是尋訪傳承人，第二是記錄傳承人的生態環境，第三是記錄傳承人的生活、生存狀況、技藝過程及傳承譜系。在此後的多年裡，他的足跡幾乎遍及長白山區的十幾個市

縣、數百個鄉鎮村屯。在木把的木屋裡、在參地的簾棚旁、在山民的熱炕上、在老婦的鋪襯包裡收集民間美術遺存，拜訪民間美術傳承人。1987年2月，他把蒐集、挖掘到的成果帶到北京民族文化宮，由吉林省文化廳、北京民族文化宮聯合舉辦「長白山滿族刺繡剪紙作品展」。展出滿族實物枕頭六十餘個、枕頭頂刺繡一百三十餘對，剪紙作品一百一十六幅，並由四位長白山滿族剪紙藝術家現場表演。溥傑、常書鴻、胡絜青、啟功先生等一批大家為展覽題詞，時任文化部副部長周巍峙、國家民委副主任洛布桑和溥傑先生為開幕式剪綵。

在多年收藏的基礎上，2003年他在高校建成全國首家「滿族民間美術陳列館」，展有民居、服飾刺繡、剪紙、筐編、木雕等實物原件兩千餘件，使得這些已有百年歷史的藝術遺存得到保存、保護，成為民間藝術的傳統寶庫。2004年他主持成立了「中國滿族民間美術研究中心」，2010年主持成立了「長白山非物質文化遺產研究中心」。2007年，申報的「長白山滿族剪紙」「長白山滿族枕頭頂刺繡」保護項目，入選國家級非物質文化遺產代表性名錄。2009年「長白山滿族剪紙」入選世界名錄，國務院頒發了匾牌，財政部撥來專項保護經費。2008年至2012年的五年間，他主持申報的「長白山木屋建造技藝」「山核桃拼貼技藝」「滿族豆瓣醬釀造技藝」「滿族醫藥」「東北民歌」「滿族高蹺秧歌」等二十項成果列入「吉林省非物質文化遺產代表性名錄」。

據統計，他率弟子深入田野考察九百人次，歷時兩千餘天，尋訪六百餘位傳承人，拍攝照片三十餘萬張，攝製錄像資料一千餘小時，田野調查筆記八十餘萬字，蒐集民間美術藝術遺存實物原件近六千件。已出版專著《長白山滿族剪紙》《薩滿繪畫研究》《最後的木屋村落》《滿族枕頭頂刺繡》等十部。其中三部獲「中國民間文藝山花獎」學術著作獎，一部獲「長白山文藝獎」作品獎與「終身成就獎」。在《美術》《美術研究》、台灣《漢聲》等學術刊物發表相關學術論文五十餘篇。建立了參考書籍庫，收藏相關書籍五千餘冊。為使這一項目後繼有人，傳延不竭，他在古稀之年不遺餘力地帶出一支老中青相結合的科研梯隊，並建立了傳承人數據庫。

高句麗歷史文化研究專家——耿鐵華

耿鐵華（1947年- ），吉林省扶餘縣人，通化師範學院高句麗研究院院長、歷史系教授，兼任吉林省社會科學高句麗重點研究基地主任，《高句麗與東北民族研究》主編。

耿鐵華一九七五年畢業於吉林師範大學歷史系，一九八一年考入東北師範大學歷史系先秦史專業研究生。一九八二年，他作為「文革」後第一批歷史學碩士研究生，來到這個曾是高句麗王都的城門下，開始尋找那把打開城門的鑰匙。從那時起，他重點從事東北民族與疆域的歷史學、考古學研究。特別是在擔任集安博物館業務館長期間，全身心地投入到高句麗歷史文物考古研究中。他的足跡踏遍了人跡罕至的荒山野嶺，多次對吉林、遼寧境內的高句麗文物遺

▲ 耿鐵華

跡進行實地調查與研究。曾作為洞溝古墓群「八五」維修項目專家組成員主持並參與了高句麗古墓、遺址發掘及壁畫古墓的維修工作，對朝鮮半島高句麗、新羅、百濟故地進行過實地考察與研究。一九九八年，他率先在大學歷史系開設了《中國高句麗史》課程，主持編寫了教材和教學大綱。

　　三十多年的刻苦鑽研和辛勤筆耕，耿鐵華先後出版了《中國高句麗史》《高句麗史論稿》《好太王碑新考》《好太王碑一千五百八十年祭》《高句麗瓦當研究》《高句麗歷史與文化研究》《高句麗歸屬問題研究》《高句麗古墓壁畫研究》《中國高句麗王城王陵及貴族墓葬》《高句麗好太王碑》《通化師範學院藏好太王碑搨本》等二十多部專著。這些論著遍及高句麗歷史、古城遺址、古墓壁畫、碑碣石刻、文獻整理各個領域，為中國高句麗學建設做出了貢獻。在國內外期刊發表了《中國文明起源的考古學研究》《先秦時期的宦官》《應監考釋》《監國製度考》《好太王碑無完整搨本》等論文一百七十多篇。《中國高句麗史》獲吉林省政府圖書出版一等獎、吉林省哲學社會科學著作二等獎、長白山優秀圖書一等獎；《好太王碑一千五百八十年祭》《高句麗考古研究》獲吉林省社科聯優秀著作獎；《高句麗史簡編》獲吉林省優秀教材二等獎，《高句麗古墓壁畫研究》獲吉林省哲學社會科學學術著作一等獎。鑒於他對高句麗歷史與考古研究方面的貢獻，先後被授予通化市特等勞動模範、吉林省師德先進個人、九三學社全國先進個人等榮譽稱號，享受國務院特殊津貼。

　　二〇一二年七月二十九日，集安麻線河右岸出土一塊高句麗時期石碑。他作為專家組組長，主持了文字考釋與研究，完成了《集安高句麗碑》一書的寫作與出版工作。

文博專家 —— 王志敏

作為一名文物保護工作者，王志敏曾多次參加國家重點考古項目的發掘，曾數十次徵集到流散在民間的國家級珍貴文物，曾使通化市躍上文物大市的位置。三十載的付出與收穫，在山城文物界無人能及，他對保護中華民族優秀歷史文化遺產所做出的貢獻，同樣將載入史冊。

▲ 王志敏

王志敏（1953年-　），通化市人，曾任通化市文管會辦公室主任、市文物保護研究所所長等職，兼任中國古陶瓷研究會會員、吉林省文物鑑定委員會常務委員、省考古學會理事等。1995年被評為全國文物安全保衛工作先進工作者。2006年，被國家文物局授予「全國文物保護工作先進個人」榮譽稱號。在集安高句麗遺跡申報世界文化遺產工作中，被省政府授予個人三等功。

文物是文化遺產的重要組成部分，蘊含著中華民族特有的精神價值。原本外行的王志敏自1980年從事這項工作以來，憑著對家鄉的熱愛和對文博事業的執著，刻苦學習，努力鑽研，曾在吉林大學用三年的時間系統地學習文博考古專業，後又多次參加省和國家舉辦的文博考古和文物鑑定培訓班，曾在國家舉辦的中國古陶瓷鑑定培訓班結業考試中獲得東北地區第一名的好成績。紮實的理論基礎和豐富的實踐，使他終於成為省內外有著重要影響的專家。

為了對全市的文物分布、歷史年代儘數掌握，並以科學的手段和正確的結論來進行詮釋，他的足跡踏遍了通化地區的山川溝岔。2002年，他調查發現了長白山區一處重要的舊石器時代洞穴遺址，即通化縣大安洞穴遺址，填補了該地區舊石器時代考古的空白。央視一套新聞聯播對此進行了報導。此外，他先

後六次參加輝發城遺址、自安山城遺址、集安高句麗王陵等省和國家重點考古發掘項目，其中王八脖子遺址考古發掘被列為全國十大考古新發現。在集安高句麗遺跡申報世界文化遺產過程中，他主持了2100和2378號兩座高句麗王陵的調查發掘工作，並被吉林省文化廳申報辦立為樣板工程，為集安高句麗遺跡申報世界文化遺產提供了翔實、重要的考古資料。他還主持了通化東山石棚墓的清理發掘和通化自安山城的調查與試掘。2006年參加了雲峰水庫良民庫區古墓群的搶救性清理發掘工作。2007年，主持大泉源酒業「寶泉湧酒坊」的考古發掘，並將其成功申報為全國重點文物保護單位。在2010年和2013年曾兩次應吉林省文物考古研究所邀請，參加了輝發古城的考古發掘工作。

在文物保護管理工作上，他共調查推薦各級文物保護單位七十餘處，其中國家級六處、省級三十五處。王八脖子遺址保護方案、自安山城保護方案被省和國家採納。他還積極倡導、創建了通化文物店和高志航紀念館。

王志敏在文物鑑定方面有著較高的水平。多年來，為國家徵集收購流散在民間的各種文物達數千件，其中極具價值的如故宮遺失的明代仇英《十八英真圖卷》、渤海時期卷雲紋金缽、元代蟠螭紋瑪瑙巧色帶飾板、戰國時期東北系青銅短劍、清代光緒帝龍袍、鳳襖等，部分珍貴文物已經被國家和省級博物館收藏。

他先後參加了《海龍縣文物志》《柳河縣文物志》《輝南縣文物志》的編撰。《吉林撫松縣新安渤海遺址》《柳河縣三統河流域的原始文化遺址》《集安高句麗王陵》《柳河縣出土明代早期青花瓷》《高句麗故地與第二玄菟郡考》《集安高句麗碑》等三十餘篇考古報告和學術論文發表在《中國文物報》《北方文物》《博物館研究》《東北史地》等專業刊物上。

王志敏曾兩次應邀做客央視中文國際「國寶檔案」和「探索發現」欄目，向國內外觀眾介紹了通化獨具特色的文物遺跡遺址。2008年經省文物局審核推薦，國家文物局批准，他被中國文物學會編入《中國當代文博專家志》。

英文辭書編纂者、翻譯家——劉大偉

　　他以「搜遍千峰打草稿，方雕一塊美玉」的鍥而不捨精神，在七年時間裡獨立編纂、公開出版英語類辭書十多部，總印數達數十萬冊之多。在為眾多的求學者打開方便之門的同時，也為中國英語教育的發展推波助瀾。鑑於他的突出業績，被破格晉陞為編審，成為吉林省「有突出貢獻中青年專業技術人才」，吉林省截至目前僅有的六名「中國翻譯協會專家會員」之一。

　　劉大偉（1962年-　），通化縣人，他擔任過重點中學和電大教師，當過外貿翻譯。在享譽全國的英語輔導報社工作了二十多年，任執行總編。隨著數字媒體的發展，他被聘任為北京東方匯通教育科技有限公司長春分公司總經理、

▲ 劉大偉

同步學習週報網總編輯。通化市作協副主席、市民間文藝家協會副主席。

在大學就讀時，系統地學習了英美語言基礎知識、英美文學、英語語言學、英漢翻譯理論與實踐等課程，為日後編譯和著書立說打下了堅實基礎。同時利用課餘時間嘗試翻譯作品，陸續在《吉林青年》《民間故事》《上海學生英語報》等刊物和《情繫關東》《五十年情緣》等書上發表。從一九九六年起，他開始潛心於英語類工具書的編纂工作，廢寢忘食地鑽研詞典的編輯理論，做好讀者群的準確定位，制定好選詞的標準。先後編纂了《新編英漢詞典》《新世紀英漢漢英詞典》《英漢雙解詞典》《新版漢英詞典》等辭書，並多次再版。由世界圖書出版公司、中國少年兒童出版社出版的《常用詞慣用法詞典》《詞語辨析詞典》《英漢小詞典》等成為該社的暢銷書。由內蒙古人民出版社、新疆人民出版社等出版的《中學英語語法手冊》《英語中、高考必備》暢銷不衰。出版的數十種英語學習類書籍，更是成為廣大師生教與學過程中必備的參考圖書。

翻譯是一門高級的語言藝術。劉大偉通過長期艱苦的學習和實踐積累，真正掌握其精髓。他以紮實的雙語語言功力和較高的文學造詣，譯著《海那邊的短笛——英美兒童詩歌集》，二〇〇五年出版。這本原汁原味卻又充滿語言美感的詩歌集，為深感學習英語難的中國孩子提供了另一條輕鬆的閱讀途徑，備受中小學生的歡迎，成為課內外閱讀與欣賞的理想材料，也是引領在校生學習詩歌寫作和研究寫作技巧的入門書籍，影響深遠。他還有許多翻譯的優美詩、文多次在《讀者》《意林》及中國人民大學信息資料中心編輯出版的《中學外語教與學》等刊物刊發、轉載。

滿族剪紙的傳承人 —— 倪友芝

如今已近耄耋之年的倪友芝，在吉林通化乃至在全國剪紙藝術界有著很高的名望。她的十五幅作品被中國美術館永久收藏，許多作品漂洋過海走向世界。因為她是最早被發現的滿族剪紙作者而被譽為「滿族剪紙的活化石」。中央美術學院教授、中國民間剪紙研究會顧問靳之林曾高度評價她的剪紙「是中國滿族剪紙的代表，是滿族原始文化的積澱，

▲ 倪友芝

是滿族當代藝術發展的精華」。一把剪刀，幾千幅作品，講述著一個古老民族的優美傳說，也講述著這位老人的傳奇人生……

倪友芝（1938年-　），通化縣人。祖上是在旗的滿族人，至今仍保留有祭祖等傳統習俗。在歷史發展沿革中，滿族先民創造了燦爛的文化，形成了自己獨特的藝術風格，其中民間剪紙成為這裡一種特定的文化符號，深深地植根於民眾心間，通過口傳心授、緣物寄情，不斷發展創新，代代相傳。倪友芝正是在這樣的氛圍中七歲便開始跟隨外祖母、母親學習剪紙。

她一生歷盡坎坷。十五歲那年才有機會走進學堂，六年級還沒有畢業，就已經到了出嫁的年齡。她隨丈夫務過農，做過保育員，在蔬菜商店賣過菜，在飲食服務公司做過飯。婚後生育了五個孩子，相夫教子，生活辛苦而又繁忙，也因此沒有拿起剪刀。改革開放後的一九八二年，農村文化工作日趨活躍，通

化縣文化館舉辦剪紙作品展。丈夫佟萬友動員妻子剪幾幅，一是為了補壁救急，二是為了讓她撿起多年前的愛好。於是，她便剪了幾幅嬤嬤人──男子的大辮子立在頭上，穿著長袍馬褂；女人戴著大頭翅。人物是折剪的，兩手下垂，五指分開，造型古拙，酷似遠古的岩畫。另有兩幅是四折剪成的龜與蛙，動物的眼睛是用香火燒的。後來經專家證實，倪友芝剪的這幾幅題材奇特、剪技奇特的作品正是表現的滿族人物和薩滿崇尚，是地地道道、沒有受到任何外來文化衝擊的滿族剪紙。也就是這次展覽，讓剪紙成了倪友芝生活中的重要內容，也改變了她的後半生。

一九八七年，倪友芝等幾位當時從未出過遠門，甚至從未坐過火車的家庭婦女來到了北京，走進民族文化宮，參加了吉林省舉辦的「長白山滿族剪紙、刺繡作品展」。這次展覽在學術界、滿學界引起了很大反響。她原創的嬤嬤人、龜與蛙展覽發表後，為全國各地的剪紙作者臨習，還被移植到雕塑、油畫、國畫等藝術門類中，屢獲大獎。

倪友芝的剪紙題材豐富。既有表現風物人情、傳統故事的，也有反映勞動生活、家禽六畜的；既有表現神話傳說、拜神祭祖的，也有講述自然崇拜、圖騰崇拜的，這些成為倪友芝藝術創作的主流。其中，始祖的傳說最多、最完整，如《地喇咕救小罕子》《罕王送酒》《五付甲》《乾隆私訪》《四合院》《老龍崗》《九仙女的傳說》等等。

表現當下生活是倪友芝在剪紙題材上的創新。在重大節日和喜慶場合，她總會拿起剪刀剪上幾幅。大多是表現人們或喜慶豐收、或安居樂業、或載歌載舞的情境，體現了一個民間老藝人的與時俱進。

倪友芝在不斷的探索中推動了滿族民間剪紙發展與創新，從而形成了獨特的藝術特點：豪放粗獷、簡潔生動、講究神似、求簡舍繁。表現技法和用材更是多種多樣。除大量用紙外，還有苞米窩、樺樹皮、樹葉、辣椒皮等。也不時採用香火燒等技巧。更難能可貴的是，倪友芝能夠以心去感悟生活、感悟人性的本真狀態，並將自己的感悟凝煉成獨特的剪紙語言。她的作品得到社會各界

的認可，被省文化廳授予「吉林民間藝術家」稱號。多次參加國內外剪紙作品展並獲獎。作品除被國內多家藝術館收藏，中國美術館就藏有十五幅，還有多幅作品被美國、瑞典、匈牙利、日本等國傢俬人展館和友人購買、收藏。中央電視台錄製了專題片在七套播出。如今，倪友芝已七十六歲了，仍在從事剪紙創作，是列入世界非物質文化遺產名錄的「長白山滿族剪紙」傳承人。

長白石微雕藝術大師——崔忠昌

二〇〇七年，民間微刻藝術家崔忠昌「還世界一部真正的石頭記」的美夢得圓。歷時五年零五個月，在長白石上微刻一百零七點五萬字的世界名著《紅樓夢》終於大功告成。望著這微雕世界中的鴻篇巨製，望著這大大小小的六十六塊精美的長白石，崔忠昌淚濕雙頰。

崔忠昌（1948年- ），筆名山佳，生於白山市，通化師範學院美術系客座教授。一九六八年入伍，一九七三年復員分配到通鋼工作，二〇〇九年退休。為了進入微刻藝術殿堂，他從一九七四年開始拜著名篆刻家王以忱和劉成源學習篆刻和微刻藝術。二十世紀九〇年代，積極進取的他又到北京齊白石藝術函授學院篆刻系學習，師從齊白石大師的高徒顧煜卿，系統地學習中國篆刻藝術發展史以及各流派風格，從理論到鑑賞能力得以提高。

▼ 崔忠昌

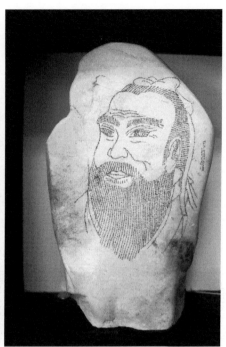

▲ 崔忠昌的微雕作品

　　微刻是書法藝術的濃縮和再現，是書法藝術達到爐火純青時刻化而成的藝術品。他在潛心研究王羲之、于右任、孫過庭、董其昌等書法大家的書體風格後，用心去悟化並創造出表現自己書體風格的書法和刀法，達到以刀代筆，以石代紙的轉換。他不藉助任何放大鏡，在長期的磨煉中，達到手中的刀在石面上〇點一至〇點二毫米之間行刀，刻出的字無法用肉眼看到，只能藉助十倍以上的放大鏡才能看清。這實際是靠自己的意念和大腦支配，腦、手、心緊密配合，憑著手指的神經末梢與石面的感覺去進行。他可以在一分錢大的石料上刻出三百七十七字的《岳陽樓記》，可以在火柴桿粗細的石條上刻六首毛澤東詩詞。

　　崔忠昌的篆刻、微刻技藝在不斷提高，不斷超越自己，每年都有突破性的進展。一九九六年他微刻的《檔案法》被國家檔案館收藏。為了不斷提高作品

的表現形式，從一九九八年開始，他將自己的繪畫基礎用於微刻作品中。他將偉人、名人的形象繪在長白石上，然後把他們的詩詞、文章微刻在畫面上。這一創意在我國微刻領域實屬首創，同時也大大提升了微刻作品的藝術價值，充分表現出長白石的石色紋理之美和豐富的文化底蘊，受到社會各界人士的高度評價和競相收藏。二〇一〇年在上海世博會上他創作的五件人物像作品全部成交，而且價格不菲。

四十多年來，他已治印兩千六百八十餘方，在各類報刊上發表上千方。他在《吉林日報》《通化日報》《通鋼報》多次發表篆刻基礎知識文章。曾三十二次去長白石的產地踏查、購石以及蒐集資料，對長白石進行了系統、規範、深入的研究，並根據地質部門提供的權威資料，對其成因、蘊藏量、地理位置、岩層厚度、用途及專業人士評價等方面進行了歸納整理，已編寫成十二萬字的《長白石及精品欣賞》一書。其八百餘件微刻作品，陸續被有識之士和愛好者收藏。

從一九九二年至今，《吉林日報》《吉林工人報》《城市晚報》《新文化報》《首鋼日報》以及通化電視台等多家媒體對他專題採訪報導。香港《大公報》也曾先後兩次介紹其藝術成就。《中國當代篆刻家大辭典》《中國專家人才庫》等十六部典籍都收錄了他的工作照、藝術簡歷和作品照片。

多年來，崔忠昌帶著他的作品幾十次參加省、國家及國際大展，數次榮獲大獎。他的微雕技藝得到了社會各界的認可。二〇一二年，被列為市級非物質文化遺產，收錄於通化市第四批非物質文化遺產名錄。二〇一三年十一月，被省文化廳、省文聯、省民間文藝家協會聯合授予首批「民間文化藝術大師」稱號。

松花硯雕刻技藝傳承人 —— 劉祖林

在二〇〇四年第十五屆全國文房四寶藝術博覽會上，由劉祖林雕刻的《歲朝圖》硯獲金獎，《硯譜》硯獲銀獎。失傳二百多年的松花石硯首次在全國藝博會上亮相就大放異彩，既讓評委們大開眼界，又讓清世祖曾大加稱讚的硯台進入中國「十大名硯」之列。

劉祖林（1951年- ），集安市人，現為中國文房四寶協會副會長、高級顧問，省工美協會常務理事；市松花石硯協會會長、劉祖林松花石硯藝術館館長。獲中國文房四寶製硯藝術大師、省工藝美術大師、省優秀民間藝術家稱號。二〇〇七年六月，「劉祖林松花石硯藝術館」被吉林省授予非物質文化遺產「松花石硯雕刻技藝保護單位」，他本人被授予「雕刻技藝傳承人」。

他從一九七三年起到通化市工藝美術廠工作，學習安綠石雕刻技藝。二十世紀七〇年代末通化重新發現了松花石礦。時任廠新產品開發小組組長的劉祖林在各級領導的關懷下，於一九七九年三月親手雕刻出失傳二百餘年的第一方松花硯。並於一九八〇年五月二十五日參加了省輕工廳在北京舉辦的「松花石硯欣賞鑑定會」。當代書畫大家、文物鑑賞家趙樸初、舒同、啟功等題詞賦詩，吳作人、張汀、劉繼卣等人殷切叮囑：「要精心製作，把仿古和創新結合起來。要珍惜資源，開發利用好這些寶貴的、失而復得的石頭。」他不負重託，把全部的財力、精力、時間都投入到松花石硯的

▲ 劉祖林

▲ 劉祖林作品《苦盡甘來》

開發研製當中，在松花石雕刻上取得了很高的造詣。

　　一九九〇年他率先在全市創辦了「御寶齋」和「松花石硯造辦處」，二〇〇七年發展為「青龍松花石硯雕刻廠」。同年成立了「劉祖林松花石硯藝術館」。二〇一〇年起歷時三年雕琢完成了六套（六色、三十六方）仿漢、唐、宋制式的精品松花硯，硯背鐫刻著兩位清帝、二十八位近代名家為松花硯題詞的書法手跡。記錄了跨越四個世紀、三百餘年的松花硯發展歷史，既是一套行、草、隸、篆、楷俱全的書法藝術硯銘，又是一套硯料精良、雕工古拙、凝聚作者幾十年技藝水平的傳世之作，具有一定的欣賞價值和收藏價值。

　　在四十餘年的硯雕藝術實踐中，為不斷提升自身美學方面的藝術修養，拓寬硯雕藝術視野，他在逐漸提高繪畫、書法、篆刻等多種藝術形式的同時，大膽涉獵其他藝術形式，作為提高自己藝術修養的一個重要途徑，經過勤奮耕耘，終於迎來收穫的季節。他所創作雕刻的松花硯作品，分別在省和國家級舉辦的展評會、博覽會上獲獎並受到社會各界的好評和關注。其《中華魂》硯在二〇〇六年首屆中國十大名硯博覽會上獲金獎，《苦盡甘來》硯在第十八屆全國文房四寶藝術博覽會獲金獎，《蝙蝠抄手》硯獲銀獎，《松花套硯》獲吉林省旅遊商品設計大獎賽金獎，《同舟共濟》硯在二〇〇九年省工藝美術大展中獲銀獎，《紡織娘》硯在二〇一一年省第三屆工藝美術大展獲特等獎，《重見

卞和》硯在二〇一二年中國（長春）民間藝術博覽會獲金獎。中央電視台四套、七套頻道，吉林電視台和通化電視台進行了多次專題採訪和報導。

二〇〇五年出版專著《松花石硯》，二〇一四年他的第二部專著《中國松花石硯》已由吉林美術出版社付梓。這本專著更為翔實地論證了松花石及松花石硯稱謂的由來，概述了其發現、發掘和發展過程，介紹了雕刻方法和傳承技藝，展示了名師名硯，文圖並茂，具有極強的參考價值和觀賞性。

近年來，他先後代表松花硯行業出席「中國文房四寶暨硯文化研討會」和「上海世博會中華硯文化發展高峰論壇會」，並且以中國文房四寶專家身分赴「中國硯都」肇慶市、「苴卻硯之鄉」攀枝花市、「松花硯產業基地」白山市、「宣硯之鄉」安徽旌德縣、「徐公硯之鄉」山東曲阜市等地，進行審查評定工作，成為製硯領域的權威人物。

▲ 劉祖林作品《仿清‧乾隆六件套》

平面設計高手——韓玉春

二〇〇八年八月八日中午，時任國家主席胡錦濤和夫人劉永清在人民大會堂宴請出席北京奧運會的各國貴賓。在宴會大廳的背景畫面上，韓玉春為本屆奧運會設計的標誌正式亮相。他成功地運用中國書法將「天壇、綠地、運動員」這三大元素巧妙融合，創造極致。這個設計也讓他戴上「奧運會十大優秀設計師」的桂冠。

韓玉春（1952年-　），現任大連壹品形象設計有限公司設計總監。他雖然沒有上過正規的美院，卻在中國平面設計領域出類拔萃，享有盛名。曾榮獲中國十大傑出設計師稱號，奪得「中國優秀包裝設計師獎」「國際商標大獎」「中國包裝事業突出貢獻獎」「第九屆全國廣告節海報設計大獎」「平面設計在中國銀獎」和「奧運會會徽十大優秀設計獎」等上百個獎項。

▲ 韓玉春

自幼在長白山腳下長大的孩子骨子裡透著大山的靈氣，小小年紀畫作就不同凡響。剛剛二十出頭，他就以「人參雪花膏」外包裝的成功設計，為產品打開了銷路，救活了一個工廠，產品擺上了北京、上海等大城市的櫃檯。工廠當年利稅達上百萬，一躍成為省級先進企業，他也因此成了「名人」，被選為省人大代表。在通化賓館工作期間，他加入長白山國畫研究會，有幸得到石魯、何海霞等大師的教誨。一九九三年，他作為特殊人才，被破格調到大連市，在不惑之年創建了屬於自己的設計公司，聲名鵲起。而真正讓他步入輝煌的是奧運會會徽的設計。二○○二年申奧剛結束，韓玉春便接到北京奧組委的邀請，參與奧運會會徽的創意設計。將近一年的時間奔波於北京和大連兩地，最終在五百多位來自世界各地的設計師創作的兩千九百九十六件作品中，他的設計脫穎而出。他以三筆書法飛白創意，體現了北京、綠色、運動三大主題，被奧運會選為三大擬用標誌之一，得到了北京奧組委主席劉淇的親自簽名嘉獎，最終被選定為奧運歡迎大會、奧運會售票中心和採購中心標誌。

　　二十年來，韓玉春所帶領的團隊已獲得中國IGD優秀設計機構稱號，是中國設計委員會團體會員單位、首都企業形象研究會理事單位、《包裝與設計》理事單位。經他手創意的品牌形象標誌被大眾所熟知：榆樹大曲、紅梅味精、青島啤酒、大連女子騎警隊、實德足球、張裕解百納、北京稻香村等等，還有眾多的海參品牌以及上海世博會陽光館標誌、杭州城市標誌、濟南城市標誌等。從這些商標設計中不難看出，韓玉春的設計多注重書法形式，善用中國傳統元素，給人以厚重、沉澱的力量感，設計中透露濃郁的東方神韻，這恰是他多年來凝練的創作理念：中國人用中國元素設計中國產品，讓中國設計走上世界舞台。

吉林文庫 A0703A24

文化吉林：通化市卷　上冊

主　　編	莊　嚴
版權策畫	李　鋒
責任編輯	林以邠
發 行 人	陳滿銘
總 經 理	梁錦興
總 編 輯	陳滿銘
副總編輯	張晏瑞
編 輯 所	萬卷樓圖書股份有限公司
排　　版	菩薩蠻數位文化有限公司
印　　刷	維中科技有限公司
封面設計	菩薩蠻數位文化有限公司

出　　版　昌明文化有限公司

桃園市龜山區中原街 32 號

電話　(02)23216565

發　　行　萬卷樓圖書股份有限公司

臺北市羅斯福路二段 41 號 6 樓之 3

電話　(02)23216565

傳真　(02)23218698

電郵　SERVICE@WANJUAN.COM.TW

大陸經銷　廈門外圖臺灣書店有限公司

　　電郵　JKB188@188.COM

ISBN 978-986-496-281-5

2018 年 1 月初版

定價：新臺幣 280 元

如何購買本書：

1. 轉帳購書，請透過以下帳戶

   合作金庫銀行　古亭分行

   戶名：萬卷樓圖書股份有限公司

   帳號：0877717092596

2. 網路購書，請透過萬卷樓網站

   網址　WWW.WANJUAN.COM.TW

大量購書，請直接聯繫我們，將有專人為您

服務。客服：(02)23216565 分機 610

如有缺頁、破損或裝訂錯誤，請寄回更換

版權所有·翻印必究

Copyright©2016 by WanJuanLou Books CO., Ltd.

All Right Reserved　　　　**Printed in Taiwan**

國家圖書館出版品預行編目資料

文化吉林. 通化市卷 / 莊嚴主編. -- 初版. --

桃園市 ： 昌明文化出版 ；臺北市 ： 萬卷樓

發行, 2018.01

　冊；　公分

ISBN 978-986-496-281-5(上冊 ： 平裝). --

1.文化史 2.人文地理 3.吉林省

674.2408　　　　　　　　　107002186

本著作物經廈門墨客知識產權代理有限公司代理，由時代文藝出版社授權萬卷樓圖書
股份有限公司出版、發行中文繁體字版版權。